GIANLUCA PALERMI

IMMOBILIARE DIGITALE

Come Diventare Consulente Immobiliare Digitale E Digitalizzare Interamente Il Proprio Marketing

Titolo

"IMMOBILIARE DIGITALE"

Autore

Gianluca Palermi

Editore

Bruno Editore

Sito internet

http://www.brunoeditore.it

Sommario

Prefazione
(a cura di Alfio Bardolla)

In questo libro Gianluca affronta un tema molto attuale relativo al cambiamento delle tecniche di vendita per il mercato immobiliare, avvenuto negli ultimi 10 anni.

Racconta chiaramente come senza un'adeguata preparazione e una strategia forte alle spalle, sia davvero difficile ottenere ottimi risultati in questa professione. Sempre più le nuove tecnologie sono fondamentali per migliorare i risultati di questa professione, il consulente immobiliare.

Io come investitore immobiliare sono spesso in cerca di occasioni e nuovi affari da cogliere, mi ritrovo davanti però ad immobili che non vengono trattati come gioielli ma come semplici oggetti di cui ci si vuole liberare senza troppo impegno. Il vero problema è che poi chi, al contrario di me, sta cercando la sua casa, per vivere il sogno di esserne proprietario, fa molta più fatica a coglierne le potenzialità.

È proprio in queste occasioni che un consulente immobiliare può dimostrare la sua professionalità, ottenendo grandi risultati. Attraverso l'utilizzo di tecniche innovative e strumenti che migliorano qualitativamente quella casa, puoi far sì che trovare il prossimo proprietario sia un gioco da ragazzi.

È proprio quello che descrive Gianluca in questo libro e vi invito perciò a proseguire.

Vi auguro una buona lettura.

Alfio Bardolla

Introduzione

Ho pensato di scrivere questo libro perché ho capito che era necessario arrivare a tutti coloro che iniziano questa professione, quella del consulente immobiliare o a coloro che già la svolgono da diverso tempo per comunicare un messaggio importante. Il mio obiettivo è migliorare un aspetto del lavoro, cioè l'estetica funzionale.

L'ho chiamata così perché a me piace ciò che ha bellezza ma anche sostanza. Per fare questo ho "inventato" un metodo unico e sicuro, che permetta di avere fin da subito successo nel proprio lavoro di consulente immobiliare. In queste pagine che leggerai, ti spiegherò come, grazie al mio metodo e alle mie le esperienze passate, sfruttare le mie conoscenze a tuo vantaggio.

Credo che il miglior modo per iniziare ad affrontare un lavoro come questo, sia quello di ascoltare, leggere e acquisire competenze dai migliori. È quello che ho fatto anche io nel mio lavoro. Nel prossimo capitolo ti racconterò anche la mia storia e l'origine della mia Formula di marketing immobiliare.

Bene, il metodo in questione ha un nome, "Formula Creo" e si rivolge a tutti i consulenti immobiliari che sanno di doversi aggiornare nel loro lavoro e seguire il flusso del cambiamento inevitabile che avviene costantemente. Questo metodo prevede l'utilizzo di una serie di strumenti, già testati da me in oltre due anni di esperienze ed è utile per ottimizzare il proprio marketing, che è uno dei pilastri del lavoro di consulente immobiliare.

L'evoluzione è inevitabile e credo che grazie ai suggerimenti che ti scriverò in questo libro potrai fare la scelta giusta davanti al bivio del fare e non fare. Ci vuole davvero molto poco a fare o non fare una cosa, ma gli effetti ed i benefici che ne derivano hanno un peso nettamente differente. Fai il primo passo verso la tua evoluzione lavorativa.

Formati costantemente, e con il mio libro, che potrai tenere a portata di mano, come fosse un manuale, avrai tutti i segreti per offrire ai tuoi clienti un marketing immobiliare di primo livello e di grande successo. Ricordati che cinque anni fa gli strumenti che comunemente oggi utilizziamo non erano nemmeno stati pensati, ragionaci quando farai la tua prossima scelta di marketing.

Quindi, ti dico che il miglior modo per accrescere il tuo marketing immobiliare e diventare un consulente digitale sarà seguire i punti che ti descriverò in questo libro. Ho deciso di condividere con te tutto quello che è necessario sapere per migliorare ed ottimizzare il tuo lavoro.

Mi considero da sempre un esteta delle belle cose concrete, fatte bene, in velocità e precise. Penso a quando sono io a trovarmi dall'altra parte e a cosa mi farebbe piacere vedere e anche a cosa mi piacerebbe non vedere soprattutto.

Se oggi sei tra quelli che fanno le foto con il cellulare senza ragionare, solo per risparmiare o non fanno il Virtual Tour, mi rivolgo proprio a te. Se continuerai così probabilmente tra qualche anno, farai molta fatica a prendere un incarico di vendita.

Quindi, probabilmente se stai leggendo questo libro sarai curioso di sapere come poter migliorare il tuo lavoro. Bene sei nel posto giusto, continua a leggere e quando avrai finito, ti domanderai, "Come ho fatto finora a vendere case?".

Spesso per scopi privati e per la mia attività vado alla ricerca di annunci e troppe volte vedendo quello che viene pubblicato nei portali immobiliari rabbrividisco. Questo fatto mi ha spinto a scrivere il libro che stai leggendo, perché ci sono alcuni concetti chiave che troppo spesso vengono accantonati, a favore di ragionamenti poco convenienti, come il budget da investire.

Ho una visione del futuro ottimistica e se sei tra coloro che solitamente prediligono vedere il prezzo piuttosto che la qualità dei servizi ti invito a proseguire nella lettura. Troverai molti spunti per migliorare senza più rinunciare alla qualità. Alcune "prassi" di questo settore fanno fatica ad essere cambiate, per via del pensiero comune che troppo spesso dilaga come un virus.

Poiché i modelli di business e le strategie, per molti sono gli stessi di 10 anni fa, non si sono mai evoluti. Pensa solo al fatto che 5 anni fa, realizzare un Virtual Tour per vedere una casa e farla vedere a distanza, non era nemmeno contemplato. Se sei il classico consulente che non presta attenzione ai dettagli, ti consiglio di proseguire nella lettura, potrai trovare molta ispirazione per accrescere la tua qualità lavorativa.

Un po' di numeri

Dalle stime estratte da Borsino, sito istituzionale, nel 2019 sono stati registrati volumi di compravendite per un totale di più di 130 miliardi di euro. Cosa voglio dire con questo? Solo le compravendite immobiliari hanno significato un decimo del Pil Italiano del 2019.

Poi ci sono altri settori correlati, come le ristrutturazioni, l'arredamento e prima ancora le pratiche edilizie, quindi studi tecnici e architetti. Probabilmente il dato reale è anche più elevato. Questo è sicuramente un settore molto interessante, ma la mia sfida personale è "convertire" il maggior numero di consulenti al mio metodo, provato e scientifico, non perché sia più fico, ma perché è più efficace per loro. Niente di fantascientifico.

Per cui se vuoi arrivare ad avere una buona fetta di mercato, dovrai evolverti e seguire il nuovo modo di fare marketing immobiliare. Parlando di tempi medi per la vendita, il dato è, sempre stando ai dati del 2019 di 129 giorni, vuol dire poco più di 4 mesi.

Se andiamo ad analizzare meglio il dato, sembra poco tempo. Ma se ci rifletti un po' su, ti rendi conto di due cose. La prima è che è un dato medio, non esatto. La seconda è che 4 mesi sono tanti, una stagione intera. Se fai una considerazione legata alla percentuale che percepisci per una vendita, sommando le spese di marketing e le spese fisse dell'agenzia, in molti casi, il guadagno diventa molto meno se rapportato al tempo che ci è voluto per vendere quella casa.

Per essere tranquilli si dovrebbe lavorare sulla propria media per abbassarla almeno a 90 giorni e in alcuni casi a 60. I miei clienti che utilizzano Formula Creo, abbassano notevolmente il tempo medio per la vendita anche in alcuni casi del 30%, incrementando i loro guadagni economici e d'immagine.

È vero, ora dirai che probabilmente ci sono immobili facili da vendere e altri difficili da vendere. Mi permetto di dire che stai sbagliando. Ci sono cose che sono facili da fare e facili da non fare. Dipende da te. Da cosa decidi di fare per migliorare il tuo lavoro, ma soprattutto come ti approcci ad una vendita immobiliare.

Quindi, in questo libro ti darò tutti gli strumenti necessari per migliorare la tua qualità lavorativa. Ti darò una serie di strumenti che sono spiegati nel dettaglio. Quindi, prepara carta e penna, perché avrai necessità di scrivere, le cose sono tante e sono convinto che starai leggendo questo libro, sul tuo dispositivo digitale. Giusto? Quindi ecco di cosa parleremo:

- Il virtuale e il reale, due mondi che sono complementari ma spesso molto distanti tra loro. Noi li riuniremo per farli coesistere e funzionare bene insieme;
- La fotografia non è la stessa di 170 anni fa, ma ancora oggi vedo foto che non hanno né senso né valore figurativo. Ti spiegherò come fare le foto, ma ti consiglio di affidarti sempre ad un professionista che è veloce, puntuale e conosce le regole della fotografia;

- Il mondo social, Facebook se fosse una nazione sarebbe la più grande al mondo, lo sapevi? È una comunità unica da cui poter attrarre valore, dandogli altro valore in cambio. Avrai la base di sviluppo per creare una presenza social adeguata;

- Il marketing immobiliare non è un optional. Vuoi venderla quella casa di cui hai sudato l'incarico? Allora il marketing adeguato è fondamentale. Ti spiegherò come ottenere il massimo per avere a disposizione più potere di acquisizione.

Se deciderai di seguire i miei consigli avrai un vantaggio unico rispetto ai tuoi competitor e potrai anticipare di molto le mosse giuste per il tuo business di successo nel mercato immobiliare.

Sicuramente ti starai domando, "Ok, ma se lo fanno tutti poi, non ha più effetti questo metodo". La cosa meravigliosa è che il metodo che ho pensato segue delle linee comuni ma per ognuno ci sono cose che funzionano meglio e altre cose che funzionano meno. Vendere un immobile in periferia, non è lo stesso che venderlo in un centro storico.

Ci sono sottili differenze, che, in realtà, sono definite dal target di acquirenti e non dai venditori. Lo vedremo più avanti come poter ottenere il massimo da ogni vendita senza perdere la tua efficacia da professionista.

Per più di due anni ho svolto anche io questa professione, perché sentivo la necessità di provare sulla mia pelle cosa significa fare questo mestiere. Ho imparato molte delle cose che ancora oggi utilizzo costantemente nel mio lavoro. In fin dei conti, non sono andato troppo lontano, l'unica differenza è che oggi sto dalla parte opposta, dando supporto ai consulenti. Ma fino a poco tempo fa ero in trincea a prendere porte in faccia e parolacce dalla gente.

Questo mi ha insegnato una cosa fondamentale. Non importa quanti "vaffanculo" prenderemo, quello che conta è insistere con metodo e resilienza e il risultato arriverà sempre.

Ti voglio fare una domanda: "Quanto è soddisfacente vedere una coppia felice che acquista la sua prima casa per andare a convivere, o quella stessa coppia che deve cambiare casa perché sono aumentati? E quanto sarebbe bello regalare quella gioia con professionalità, serietà e velocità?"

Questo aspetto del tuo lavoro è probabilmente quello che da più soddisfazioni di tutte. Per poter fare questa cosa è necessaria dedizione e passione. Quelle sono qualità che hai tu e che ci metti ogni giorno, perché è questo il lavoro che ti piace fare. Proprio per questo motivo, ti invito a riflettere un istante su un fatto.

Ti appassiona fare le foto ad un immobile? Ti da gioia preparare la planimetria di una casa appena presa per caricarla sul portale di turno? Io non credo sia così, credo piuttosto che quella sia una sensazione di falso risparmio. Quando fai qualcosa che non ti appassiona, il risultato parlerà per te.

Tutti noi abbiamo ventiquattro ore al giorno e tu decidi coscientemente di perdere tempo nel fare una cosa che non ti appassiona e non ti porta valore? Questo produce una sensazione di stress nel tuo subconscio che si accumula nel tempo. Si accumula fino a quando poi non esce fuori e ti rendi conto che hai perso tempo prezioso.

Quel tempo lo potevi dedicare a fare quella visita in più, oppure quell'acquisizione in più. Se ti fossi concentrato sulla tua vera passione, avresti reso di più, avresti ottenuto di più.

Io ti aiuterò in questo. La con-divisione permette di aumentare gli sforzi spostandoli per ognuno su ciò che più gli permette di rendere bene nel proprio lavoro e con Formula Creo potrai fare esattamente questo.

Se quindi il tuo obbiettivo è incrementare il fatturato, ma soprattutto migliorarne la qualità, ti invito a proseguire la lettura e cogliere attentamente tutti i dettagli che ti racconterò nei prossimi capitoli. Basta la chiave giusta per aprire le porte del tuo successo.

In fondo, non è quello che desideriamo tutti? Pensa se potessi fare anche solo una vendita al mese ma farla nel modo giusto e guadagnarci bene. Andresti a guadagnare molto di più in termini di qualità di lavoro, professionalità e in di vita. Avendo svolto questa professione, so che difficilmente stacchi il cervello e ancora più difficilmente ti godi il tempo libero.

Sei sempre lì che rifletti e pensi a come acquisire e vendere, acquisire e vendere. Grazie al mio Metodo Creo potrai ridurre lo stress, migliorando la fase di acquisizione e la fase di vendita.

Ora, penso che sei pronto per conoscere i miei segreti, ma prima ti vorrei raccontare da dove nasce l'idea e perché ho pensato a questa Formula Creo. La figura di cui ti parlerò, potrà essere paragonata ad uno stilista o consulente del settore immobiliare, un esteta della forma ma soprattutto della sostanza.

Questo perché il consulente immobiliare che formo io per avere successo, è trasversale e svolge i suoi compiti con la giusta conoscenza, ma senza diventarne "l'operaio". Imparerai che puoi delegare e ottenere lo stesso i risultati che vuoi ottenere. L'idea del "faccio tutto io" non è più produttiva ed è ormai antiquata. Il serio rischio è di apparire agli occhi del venditore che si affida a te, come un professionista poco "professionale".

L'aspetto migliore di questo manuale è arrivare ad ottenere la tua completa trasformazione, da "semplice" consulente immobiliare, in imprenditore immobiliare digitale, capace di aumentare i suoi risultati e mantenere uno standard qualitativo elevato.

In più nel prossimo capitolo ti ho riportato un'intervista che ho fatto ad un mio caro amico consulente immobiliare da più di 9 anni. L'argomento principale è stato quello di analizzare insieme a lui e grazie alla sua esperienza, l'evoluzione di questa professione, per non rimanere indietro e rischiare di estinguersi per sempre.

A me sta a cuore il miglioramento della vita professionale dei miei clienti, perché se loro sono soddisfatti io avrò un feedback positivo che genererà positività e nuove relazioni e lo stesso vale per te che vendi immobili.

Con questo principio che mi guida da sempre, da quando ho consapevolezza dei miei mezzi, riesco ad ottenere sempre il massimo da tutti i rapporti lavorativi e non solo, che ho avuto nella mia vita. Ci vediamo nel prossimo capitolo per scoprire di più su di me e sul futuro di questa professione.

Capitolo 1

Il momento giusto

Vorrei iniziare raccontando, prima di tutto, come è nata l'idea di scrivere un libro. Una sera ero a cena con un mio amico, non tanto tempo fa e mentre stavamo parlando di business da sviluppare insieme, mi ha dato un suggerimento inatteso. "Perché non scrivi un libro per questa tua nuova attività?".

Beh, ci ho pensato poco, giusto qualche giorno, ho organizzato e deciso e mi sono messo a scrivere. In realtà posso testimoniare il fatto che è vero quando le cose non accadono per caso, o come dice qualcuno, quando hai un atteggiamento positivo, alla fine attrai quello che ti serve per ottenere quello che stai cercando.

Infatti, pochi giorni dopo questa decisione, mi sono imbattuto "per caso" in un post che parlava proprio di scrittura veloce, e vorrei ringraziare il mio editore per questa possibilità che mi ha dato di scrivere un libro e pubblicarlo con la sua casa editrice. Chiaramente la connessione è stata fulminea e ho avviato subito il progetto.

Ho pensato poi, che quello che avevo sviluppato e già testato su quasi tutti i miei clienti era una formula per il loro successo, replicabile e adatta a tutti i consulenti immobiliari, e per questo motivo avrei potuta scriverla e lasciarla anche per le prossime generazioni di futuri consulenti, che avranno un vantaggio unico se seguiranno i miei consigli.

In effetti, avevo pensato a tutto, al business plan per la mia azienda, ai prodotti, alla delivery e anche al customer care. Avevo pensato tutto, tranne a trascrivere il mio metodo, il metodo che ho chiamato Creo, quasi come la mia azienda. Quindi, eccomi a descriverti come sono "nato" io professionalmente e le motivazioni che mi hanno spinto a spiegarti tutti i miei segreti per un marketing immobiliare migliore.

L'idea alla base è che oggi siamo tutti digitali, senza esclusioni e chi rimane indietro potrebbe perdersi inesorabilmente in un bicchier d'acqua. Io voglio aiutarti a non perderti e a fare un salto evolutivo per la tua professione.

Il mio piano era completo, anche l'ultimo tassello era stato posizionato. Il mio piano più grande e complesso che avevo in testa ora era completo. Mi sono detto, dopo tanti anni di lavoro, o meglio di gavetta per arrivare ad un metodo efficace, oggi finalmente posso descriverlo in ogni suo dettaglio.

Ero consapevole che mancasse ancora un piccolo pezzetto per essere completo e poter offrire ai miei clienti quello che realmente può migliorare il loro lavoro. Avrai la possibilità di scegliere di migliorare sensibilmente te stesso, per come ti pone nel mondo digitale e per come ti puoi presentare come professionista.

Se ci rifletti un istante, quanta "strategia" hai studiato e calcolato quando hai iniziato questo lavoro? Sii onesto con te stesso, molto probabilmente l'hai fatto poco o niente, ti sei detto che era per i soldi delle provvigioni con la convinzione che erano "soldi facili".

Quando poi ti sei reso conto di dover fare i conti con una serie di spese, hai immaginato che forse c'era qualcosa che non tornava. I tempi poi sono cambiati e ti sei ritrovato a ragionare a quando hai iniziato il tuo percorso. Tutto l'entusiasmo ormai è svanito e ci sono solo preoccupazioni.

Però non temere, non tutto è perduto, segui i miei consigli e vedrai che in poco tempo, otterrai un netto miglioramento delle vendite e dei profitti. Il primo step necessario è riuscire a capire cosa ci spinge a fare quello che facciamo, creando una solida strategia che ti consenta di sapere esattamente quali sono i tuoi reali obbiettivi. E scrivila su un foglio di carta.

In alcuni casi, ti sei affidato a fuffa coach personali, che ti hanno dato tanti consigli senza pensare che il consiglio più importante è prima di tutto partire con una strategia forte. Per un imprenditore, la cosa più importante non è chi svolgerà un lavoro, ma con quale strategia partire nel suo business.

Lo stesso principio vale per te, che vuoi vendere case, che senza una strategia non potrai ottenere grandi risultati. La verità sta nel fatto che fare una strategia risulta molto complicato, soprattutto se non si hanno le giuste competenze. Ma puoi metterti comodo ed andare avanti nella lettura. Ora ti riporterò prima l'intervista fatta al mio amico e dopo ti spiegherò come avere una strategia efficace di marketing per acquisire e vendere case.

Segreto n. 1: "Parti sempre con il piede giusto", facile a dirsi e forse anche facile da fare. Ascolta i consigli di chi l'ha fatto prima di te. Chiedere è lecito e aiuta a crescere.

Gianluca: "Ciao Andrea, intanto ti ringrazio per la tua disponibilità e parto subito con la prima domanda. Come pensi cambierà il lavoro del consulente immobiliare nel futuro?"

Andrea: "Penso che in futuro, in Italia, non avremo più un picco alto di prezzi come anni fa, ma la grande differenza tra immobili/condomini la faranno l'energia rinnovabile, fotovoltaico, domotica e meno inquinamento, allora potrebbe esserci una vera e propria differenza di prezzo."

Gianluca: "Credi che tra 5 anni gli immobili avranno lo stesso processo di vendita di 15 anni fa?"

Andrea: "No, siamo sempre in continua evoluzione nelle Agenzie Immobiliari ed è completamente diverso già ad oggi rispetto a 15 anni fa; c'è sempre più innovazione nel proporre gli immobili in vendita/affitto. A livello legale, fiscale ed urbanistico ci saranno più documenti da richiedere, ma nel complesso è molto probabile che le tecnologie prenderanno un posto di attore principale sempre più importante."

Gianluca: "Cosa ti ha spinto a fare il consulente immobiliare e consiglieresti ad altri questa professione?"

Andrea: "Ho cominciato studiando da Geometra ed Ingegneria Civile all'Università La Sapienza, ma in realtà già da bambino avevo a che fare con le costruzioni Lego ed altri giochi simili, quindi credo che già avevo una passione nel sangue per l'immobiliare. Dopodiché è diventata una professione a tutti gli effetti ed oggi sono più che felice di aver scoperto grazie alla tua azienda, Creo Group, le nuove tecnologie e soprattutto il tuo metodo infallibile per vendere gli immobili."

Gianluca: "Ad oggi il tuo lavoro quanto è cambiato rispetto a quando hai iniziato?"

Andrea: "Non è cambiato tantissimo rispetto a quando ho cominciato, diciamo che a livello legale è pressoché uguale, ma si è evoluto sicuramente sul piano delle nuove tecniche per proporre gli immobili e nell'aspetto della tecnologia, che rende tutto molto più "Smart" e veloce. Oggi è sempre più veloce il mondo e anche noi ci siamo adeguati al cambiamento, traendo un grande vantaggio dalla novità."

Gianluca: "Ultima domanda, oggi siamo nell'epoca migliore di sempre per le opportunità che abbiamo a disposizione, siamo fortunati ad essere in Italia e poter avere la libertà di fare tante cose, che in altri paesi non hanno. Ma la domanda è, credi che in futuro si potrebbe cambiare la modalità di lavoro, rendendolo più smart e virtuale anche grazie agli strumenti già presenti oggi?"

Andrea: "Credo che dopo la pandemia mondiale che ci ha colpito, il mondo è cambiato in maniera irreversibile, ma è un bene per molti aspetti. Sicuramente il lavoro, in alcuni casi, si manterrà in Smart Working, ma per altri mestieri non sarà possibile, come il nostro. Comunque la tecnologia, alla luce di tutto quello che è accaduto, ci ha dato una grande mano. Senza di essa molte più persone non sarebbero state in grado di poter lavorare da casa."

Questa intervista finisce qui e i temi che ho voluto affrontare sono stati quelli dell'evoluzione globale, a cui abbiamo assistito nell'ultimo anno e alle nuove tecnologie che sono solo uno strumento innovativo per migliorare il nostro lavoro, ma che hanno valore solo se usate nel modo giusto.

Quindi, ora che hai compreso un po' di più come si sta evolvendo il mondo dell'immobiliare, sei ancora lì che aspetti convito che le case "tanto si vendono?". Spero avrai capito che è necessario e obbligatorio evolversi con il mondo per continuare a fare questo lavoro se è quello che ti piace fare.

Io credo sia così perché altrimenti non avresti iniziato a leggere questo libro e non avresti la curiosità di saperne di più. Sicuramente avrai dentro quel fuoco che ti spinge a domandarti come puoi migliorare la tua attività, o se non c'è non ti preoccupare, io sono qui per aiutarti.

Essere il Consulente Immobiliare è un po' come essere un animale nella giunga fatta di cemento e asfalto. Tutti cercano di distinguersi dal resto dei competitor, ma poi in fondo il prodotto che vendi è lo stesso, il metodo è più o meno lo stesso e i principi di funzionamento del sistema sono quelli.

Quindi, ti starai domandando "Come posso distinguermi?" Prima abbiamo parlato di strategia, e sicuramente è una cosa molto importante, ma quello che ti dirò ora potrà sembrare una cosa ovvia, ma non lo è. Devi trovare il tuo target ideale. Sembra facile, ma potrebbero volerci anni per capirlo, dopo tanti fallimenti o errori lavorativi. Se ci pensi ci sono immobili da 100.000€ a 10.000.000€ e anche oltre.

Sicuramente per poter essere a tuo agio, dovrai trovare il "taglio" giusto per te. Quello che ti permette di muoverti agilmente e velocemente. Ti aiuterò anche a capire questo, perché il secondo obiettivo dopo la strategia giusta è trovare a chi vendere casa, in quale zona.

Segreto n.2: Scegliti il tuo cliente ideale, nel marketing si chiama "Bias Persona" e sta ad indicare l'identikit del tuo cliente ideale.

Dopo aver fatto la strategia, prova a dare una descrizione, anche un po' generalizzata, di come ti immagini il tuo cliente. La persona con cui ti vorresti trovare a parlare e con cui sei sicuro che instaurerai un ottimo rapporto.

Tutto ciò ti consiglio di scriverlo su un quaderno che poterai sempre con te, perché inevitabilmente nel tempo questi fattori possono mutare e quindi averli sempre con te, ti aiuterà ad essere più veloce nelle scelte. Questo ti permetterà di attrarle nel tempo, il tipo di persone per te ideali.

Il cervello lavora solo se viene sottoposto ad una pressione. È un muscolo pigro e quindi ha bisogno di input esterni o interni che lo mettono a lavoro. Ti consiglio di domandarti inoltre se fino ad ora hai espresso tutte le tue potenzialità per trovare una strategia adeguata e l'identikit del tuo cliente ideale. Ti lascio un paio di minuti per rifletterci.

Nel frattempo, ti vorrei raccontare come sono arrivato al metodo che ti descriverò più avanti. Nella nostra vita capita raramente di trovare le giuste persone con cui combinare una serie di alchimie ed emozioni. Questo è quello che mi è successo, quando ho conosciuto il mio socio, Davide.

L'aver condiviso una serie di progetti con lui, mi ha dato lo stimolo ulteriore per dare sempre e costantemente il meglio di me stesso. È stata una sfida motivante portare sempre nuove idee per sviluppare insieme la nostra azienda. Ed è una cosa questa, che auguro anche a voi perché avere stimoli esterni, oltre agli stimoli nostri interni, ci permette di arrivare ad ottenere molto di più da noi stessi e da chi sta con noi.

Nel mondo immobiliare troppo spesso prende forza la concezione di "fortuna" come strumento di vendita. Pianifica, studia, impara e sbaglia. Seneca disse: "la fortuna non esiste: esiste il momento in cui il talento incontra l'opportunità". Per cui non perdere tempo, non basare il tuo lavoro sulla fortuna.

Il mondo va veloce, e se non gli stai dietro, rischi che, prima o poi, ti schiaccia. Questo pensiero è quello che mi fa svegliare la mattina con la giusta tenacia di migliorare ed "aggiornare" il lavoro ai miei clienti e anche a me stesso. Le innovazioni arrivano molto velocemente, ogni giorno, se non ti adegui prima o poi ti ritroverai troppo indietro che la rincorsa sarà dura o peggio ancora arriverà un evento straordinario che ti lascerà senza lavoro.

Il mio dire le cose in modo diretto è perché a te ci tengo e dato che sono sicuro che almeno una delle cose che ho elencato non l'avrai mai fatta, per un motivo o per un altro, prosegui nella lettura e alla fine ti chiederò di scrivermi una mail per farmi sapere se avevo ragione oppure no.

Studiando molte di queste innovazioni cerco tutte le possibili opportunità, per capire se effettivamente possono migliorare o sono solamente uno strumento "distraente". Probabilmente non ti piacerà fare programmi o strategie, è molto più semplice fare quello che fanno tutti, adeguarsi alla massa, ma ti assicuro che se deciderai di pagare il prezzo per il cambiamento, farai fatica a tornare indietro.

Segreto n. 3: Le due cose principali per iniziare o migliorare il tuo lavoro come consulente immobiliare sono la strategia iniziale e l'identikit del tuo cliente target.

Si, perché per avere un cambiamento c'è un prezzo da pagare, ma i benefici saranno molto più alti di quanto immagini. Rimanendo oggi a fare quello che fanno tutti non riuscirai mai a farti notare o a creare un'affidabilità unica, basata sul tuo nome, non riuscirai a creare mai una tua identità professionale e sarai sempre "il solito consulente immobiliare" che passa inosservato.

Io credo fortemente che ognuno di noi possa lasciare il segno nella vita di qualcun altro, soprattutto vendendo case. Perché non dovresti essere tu a lasciare il segno nella vita di altre persone? Perché no? Il principale problema e mito da sfatare è il pensiero che dilaga come un virus, che le abitazioni "tanto si vendono da sole".

Questo è sbagliato, le abitazioni di ogni forma, sono come un qualsiasi altro prodotto mobile, l'unica differenza è l'incapacità di venderle per corrispondenza. Quindi il marketing è dello stesso tipo, solo che nessuno ci arriva a pensarlo, proprio perché tanto stanno li, si pensa che prima o poi, per magia, qualcuno passa di li e la compra. Toglietelo dalla testa prima di subito, lo dico per il bene del tuo lavoro.

Per questo motivo, per ogni mio cliente studio una strategia mirata, volta a mettere in risalto quelle che sono le peculiarità e le strategie più adatte. La figata è che i prodotti che si possono utilizzare, sono sempre gli stessi, ma la combinazione degli stessi e l'utilizzo varia a seconda dei casi, dalle necessità e delle opportunità.

Ma avrai sempre a disposizione tutte le possibili alternative. Ho voluto studiare le attività del consulente tipo e ho capito che oltre alle attività che si ereditano da un sistema ormai ben consolidato, non si fa molto altro. La giornata tipo del consulente immobiliare è sempre quella. Telefonate, visite, telefonate, visite, incarico e di nuovo visite.

Il mio consiglio, che ritengo utile, è quello di pianificare con anticipo le attività da svolgere. Evita le distrazioni, ma fatti distrarre quando vai in una zona per trovare appartamenti da acquisire. Più avanti nel quarto capitolo ti spiegherò meglio cosa è possibile fare per accrescere tramite il web le acquisizioni e le vendite.

L'acquisizione è un passaggio fondamentale e importantissimo. È quello che ti permette di avere la materia prima, quindi è importante non prendere immobili a caso, ma come ti ho detto prima, specializzati, cerca quello che ti fa stare meglio e metti tutte le tue energie in quel focus. Sarà molto più semplice nel futuro essere riconoscibile ma soprattutto acquisire.

Un altro aspetto importante e su cui si dibatte molto, per ovvi motivi è il prezzo della casa in vendita. Perché nel 60% dei casi il prezzo esposto è sempre troppo elevato rispetto al prezzo reale di vendita? Sento molto spesso parlare di "ho preso l'incarico a prezzo e quindi l'ho venduta in una settimana".

Ma la mia teoria al riguardo è che non c'è la giusta capacità o il timore da parte del professionista di far comprendere la reale situazione al venditore. Sicuramente è difficile parlare ai venditori che non vogliono sentire ragioni, perché per loro che devono vendere, nel prezzo c'è anche un valore affettivo praticamente inestimabile.

Questo lo comprendo ma tu ricordati che sei un professionista e compito tuo è anche dire le cose come stanno, con il rischio di non prendere l'incarico. Forse potresti farci più bella figura, piuttosto che prendere l'incarico e poi non vendere l'immobile.

Quindi, nel momento in cui ti proponi per fare tutto il necessario per vendere quella casa e hai fatto capire al venditore che il reale prezzo a cui si venderà è quello che stimi tu, puoi decidere di comune accordo con il venditore che se si fanno alcune attività di marketing specifiche si può provare ad alzare il prezzo e vendere con un margine più elevato del valore reale. Se però non hai la capacità di far capire questo state solo perdendo tempo tutti e due.

Credo che ora siamo pronti per iniziare questo viaggio alla scoperta delle nuove tecnologie a disposizione e soprattutto anche su come utilizzarle al meglio per evitare gli errori più comuni e partire subito con il piede giusto.

Lasciati guidare in questo viaggio, alla fine avrai ottenuto una nuova consapevolezza in linea con i tempi in cui viviamo oggi.

Riepilogo del capitolo 1:

- **Segreto n. 1:** "Parti sempre con il piede giusto", facile a dirsi e forse anche facile da fare. Ascolta i consigli di chi l'ha fatto prima di te. Chiedere è lecito e aiuta a crescere.

- **Segreto n. 2:** Scegliti il tuo cliente ideale, nel marketing si chiama "Bias Persona" e sta ad indicare l'identikit del tuo cliente ideale.

- **Segreto n. 3:** Le due cose principali per iniziare o migliorare il tuo lavoro come consulente immobiliare sono la strategia iniziale e l'identikit del tuo cliente target.

Capitolo 2

Il potere della fotografia

Rispetto all'inizio del secolo scorso, nel mondo, c'è stata una grandissima evoluzione tecnologica e la prima tecnologia che fa parte del mio metodo, di cui ti voglio parlare, è la fotografia. Questo strumento è molto antico per certi aspetti, ma ancora oggi in questo settore è lo strumento più diffuso ed utilizzato.

La modalità di cercare casa, non è cambiata così tanto negli ultimi 100 anni. Ci sono stati miglioramenti sempre più esponenziali e per questo motivo è sempre attuale questo strumento. Ma il vero problema è ad oggi, rispetto a 150 anni fa è la troppa facilità con cui si può abusare di questa tecnica.

Grazie agli aggiornamenti della tecnologia, chiunque di noi ha in tasca uno strumento che può scattare foto in altissima risoluzione, con semplicità e senza grandi conoscenze. Quindi, la scelta sembra quasi scontata. Mi capita di vedere molti clienti che prima di conoscermi fanno le foto ai loro immobili in vendita con il loro telefono. Va bene, le foto vengono molto bene, non lo metto in dubbio, ma ci sono due aspetti fondamenti da tenere in considerazione.

Te li descrivo qui di seguito:

- La tua immagine di professionista ne risente se il tuo cliente, che ti ha affidato la casa da vendere, ti vede che il giorno dopo, torni tu a fare le fotografie per la pubblicità di vendita. È un concetto molto semplice che però facciamo spesso fatica ad assimilare. Se il tuo ruolo è essere consulente immobiliare, per caso fai anche il fotografo? Non credo, quindi ti svelo un segreto, ci sono ottimi professionisti che offrono un servizio professionale a prezzi vantaggiosi;

- Anche se sul primo punto potremmo passarci sopra, sul secondo è molto più complicato. Fare le foto ad un appartamento richiedere la conoscenza di tecniche molto precise per eseguire gli scatti più adeguati al contesto. Quindi ti invito a ragionare se conosci tutte le tecniche di fotografia per farle al meglio. In quel caso torniamo al punto precedete.

Segreto n. 1: Se decidi di fare le fotografie da solo, ricordati almeno di seguire i punti che ho descritto io, potrai fornire un servizio di qualità al tuo cliente.

Come vedi, c'è sempre un motivo valido per affidarsi ad un professionista del settore. Prima di andare avanti vorrei fare una parentesi molto importante, perché in realtà il primo step che ho pensato per il processo di vendita immobiliare perfetto richiede l'utilizzo di un servizio chiamato Home Staging ed è strettamente correlato alla fotografia.

In Italia, non ha ancora preso molto piede, questa tecnica consiste nell'allestire un'abitazione vuota o magari che presenta troppi oggetti, quindi andando a togliere. Per questo motivo, il vero scopo di questa tecnica è nell'aiutare l'immaginazione di chi dovrà acquistare quella casa. È un acceleratore del tuo business.

Non lo devi considerare un ostacolo, un limite complicato da superare. Dipende sempre come lo poni, ma soprattutto come detto prima, dipende dal target di riferimento. In ogni caso, nel mio metodo c'è anche un'alternativa di cui ti parlerò più avanti.

Quando conviene utilizzare l'home staging:

- Abitazioni vuote, prive di arredi. Risulterebbero di difficile comprensione, in quanto l'utente medio non ha la capacità di immaginare gli spazi vuoti, come saranno una volta arredati. L'arredo dà il senso della misura e quindi della grandezza degli spazi;

- Abitazioni troppo piene di oggetti ma disabitate. In questo caso il rischio è di non riuscire a far comprendere bene gli spazi per il problema opposto. Poi gli oggetti che non sono essenziali distraggono emotivamente chi guarda;

- Abitazioni abitate, in questo caso specifico, ecco l'alternativa al servizio di Home Staging totale. Ti consiglio di preparare l'immobile prima del servizio fotografico per evitare di vedere nelle foto troppi oggetti personali. Chiaramente in questo caso essendo abitata la casa, potrebbe risultare più difficile fare qualsiasi intervento.

Per questo motivo, come vedremo più avanti, abbiamo studiato anche per questo un espediente di qualità e utile in casi particolari. Quello che importa è comunque preparare l'immobile per il servizio fotografico.

Segreto n. 2: Una casa ordinata e pulita si vende prima e meglio e forse anche ad un prezzo più elevato.

Negli Stati Uniti, la patria dell'Home Staging, è diventato un servizio obbligatorio per vendere gli immobili. Questo per dirti che, anche se abbiamo culture differenti, la vendita degli immobili è equivalente in tutti i paesi e segue sempre gli stessi principi di base. Possiamo fare un esempio, paragonandolo alla vendita delle auto, o di qualsiasi altro oggetto.

La prima cosa che si fa, è pulire e sistemare il protagonista della vendita. Si prepara cercando di farlo tornare come era in origine e quindi senza la sua "personalità" acquista nel tempo che è stato in nostro possesso. Per le case deve essere lo stesso principio.

È molto importante perché quando andremo a fare il servizio fotografico successivamente, aver fatto o no questa cosa, farà tutta la differenza tra un lavoro pulito e semplice, rispetto ad un lavoro fatto alla meno peggio che probabilmente renderà molto complicato vendere quella casa. Se ci pensi quanto è facile vendere abitazioni appena ristrutturate, pulite e ordinate?

Ma se fossero tutte così non esisterebbe questa tecnica dell'Home Staging. Dobbiamo aiutare il potenziale acquirente ad immaginarsi come sarebbe vivere dentro quella casa, anche se ora è un tugurio, disordinato e mal messo. Fa tutta la differenza, ricordalo. Come si fa allora a valutare se e come fare l'Home Staging?

Ci sono diverse teorie in merito, quella che preferisco io è quella ti descriverò qui. Secondo il mio punto di vista, è sempre necessario effettuare l'Home Staging per una casa in vendita o perlomeno preparare l'immobile e avere l'accortezza di farlo. Molti proprietari di casa, non comprendo che l'ordine è si relativo e personale, ma per vendere un'immobile c'è un solo ordine.

Quello della spersonalizzazione, almeno per il tempo delle fotografie. Quando ti trovi a prendere un incarico, assicurati che il giorno del servizio fotografico la casa sia ordinata e pulita per fare un lavoro pulito, ne va della tua professione. Per fare un esempio è come se io che lavoro con il computer non mi curo di tenerlo pulito e ordinato.

Dopo un po', sarà lento e mi perderò tutto, andando a inficiare sul mio lavoro. Una casa pulita e fotografata in un certo modo, avrà un altro impatto e il riscontro sarà una vendita più veloce. Quello che varia e può fare la differenza è la "pesantezza" dell'intervento da parte dell'Home Stager.

Si può fare una semplice pulizia degli ambienti ed una spersonalizzazione andando ad eliminare temporaneamente alcuni oggetti della casa. Questo primo intervento è sicuramente economico ma è consigliabile solo per quelle abitazioni abitate e che non hanno grosse pecce, come muri molto sporchi e arredi molto vecchi.

Se la situazione invece lo consente si può effettuare proprio un intervento di allestimento parziale o completo, e là dove necessario anche eventualmente una pitturata delle pareti. Queste attività daranno un nuovo look alla casa che quindi potrà essere fotografata andando a mettere in risalto maggiormente le potenzialità stesse, velocizzando la vendita.

Torniamo alla fotografia ora, dopo aver fatto sistemare l'immobile, possiamo procedere con il servizio fotografico. Quindi, ora che la casa è presentabile, possiamo fissare su scatti digitali ogni ambiente di questa casa con tutte le particolarità che la contraddistinguono.

La fotografia già da sola potrebbe vendere, suscitando un'emozione forte negli occhi di chi guarda. Troppo spesso sento amici che mi raccontano che stanno cercando casa, ma dalle fotografie non riescono a percepire gli spazi o l'estetica, poi magari la vanno a vedere ed è esattamente quello che stavano cercando.

Ma per uno che viene piacevolmente sorpreso, quanti ce ne sono che invece ottengono l'effetto contrario? Tanti, troppi forse.

Purtroppo è capitato anche a me, ed è per questo che ho deciso di scrivere questo libro per darti tutti i punti da seguire, importanti per la vendita immobiliare nell'era della digitalizzazione e per farti capire che la naturale evoluzione delle cose è prendere per assodato tecniche e schemi che sono ormai quotidiani e di uso comune. Ma quali sono le tecniche per fare le foto? Ok, te ne voglio dire alcune, per la precisione 5, così se decidi di farle comunque da solo, almeno penserai a quanto ti ho descritto qui e magari le farai meglio dell'ultima volta.

Ecco la lista delle tecniche base per fare foto immobiliari accettabili e utilizzabili per vendere velocemente un immobile:

- Mantieni sempre il quadro visivo più dritto possibile, evita foto che hanno linee verticali convergenti e che quindi falsano la prospettiva. Pensa a come vedono i tuoi occhi e domandati se quando guardi dentro casa, vedi le linee verticali dei muri che convergono verso l'alto o il basso. Ti puoi aiutare con gli strumenti oggi a disposizione, anche con lo smartphone. Quasi tutti, se non tutti, hanno la griglia per aiutarti a mantenere la giusta angolazione. Inoltre la griglia ti sarà utile anche per il secondo punto;

- Dividendo l'immagine in terzi e ponendo il soggetto in uno dei punti di intersezione delle linee immaginarie ottenute, si ritiene che l'immagine risulti più dinamica (rispetto a una composizione che pone il soggetto al suo centro), ma armonica al tempo stesso. Se osservi bene, quando fai le fotografie, anche per hobby, il tuo smartphone avrà la griglia suddivisa proprio in terzi. Ora che lo sai potrai fare solo foto migliori e dinamiche;

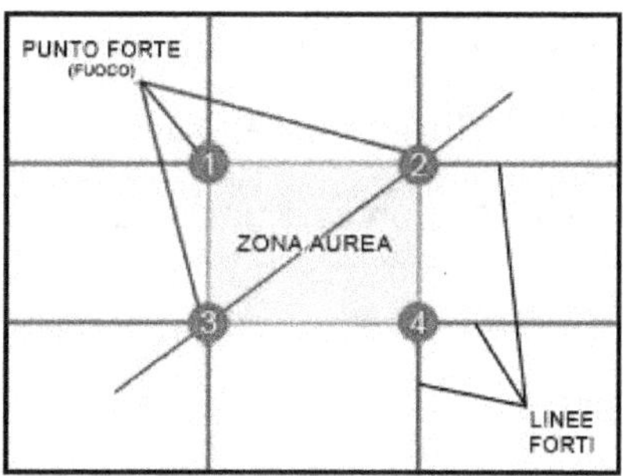

- Contrariamente a quello che sicuramente crederai, la luce perfetta per fare le fotografie non è quella del sole, sparata che entra dentro casa. La luce perfetta e preferibile per fare gli scatti è quella "ambiente" magari con il cielo un po' velato, perché questo tipo di luce è tenue e non crea contrasti troppo netti e forti che renderebbero la fotografia molto "strong", il nostro obbiettivo è far sentire a proprio agio chi guarda quelle foto. Quindi se hai voglia di distinguerti, cerca di sperimentare e trovare una tua tecnica precisa, che cercherai di utilizzare sempre per fare questo genere di fotografia;

- Prepara bene l'ambiente da fotografare, è di fondamentale importanza non lasciare nulla al caso. Perché come dice Oscar Wild, "non c'è una seconda possibilità di fare una buona prima impressione". Seleziona con cura i punti da cui effettuare gli scatti, non farli per forza all'angolo più lontano per far vedere più salone possibile. Cerca i punti salienti di una casa e mettili in risalto;

- Abbassa la tavoletta dei bagni, elimina gli stendini pieni di vestiti e togli le foto che per privacy, soprattutto se di bambini, è bene non mostrarle in pubblicità. Questo ultimo consiglio è più un'accortezza necessaria per aumentare il tuo grado di professionalità.

Segreto n. 3: Ora che conosci i segreti di base della fotografia, saprai anche come distinguere fotografie fatte bene da fotografie fatte male. Avere conoscenze di base in più ambiti, soprattutto quelli che riguardano il tuo lavoro è di vitale importanza.

Per riuscire a farti comprendere ancora meglio quello che ti ho appena descritto ho chiesto un'intervista ad un professionista della fotografia, un mio amico con cui collaboro spesso al quale ho fatto 3 semplici domande, perché chi, meglio di lui che opera sul campo tutti i giorni può dirci quali sono i segreti per fare le foto migliori per la vendita?

Gianluca: Che consiglio ti senti di dare ai consulenti immobiliari che decidono di fare le fotografie da soli?

Jacopo: Credo che sia sempre meglio affidarsi ad un professionista, non lo dico solo perché io lo sono. Ma perché le tecniche per fare gli scatti fotografici sono molteplici e farne tutti i giorni è un allenamento costante che ci fa andare 10 volte più veloci nel fare questo lavoro. Se però proprio decidi che vuoi farle da solo, ti consiglio di seguire le 5 regole che ha descritto Gianluca prima.
Gianluca: Quanti anni hai studiato per arrivare al livello professionale a cui sei oggi?

Jacopo: Come studio sono stati 3, ma ogni anno seguo corsi di aggiornamento per migliorare tecnica e competenze, quindi potrei dire che sto ancora studiando.

Gianluca: Consiglieresti l'utilizzo dello smartphone per fare le foto ad un immobile?

Jacopo: Assolutamente no, è vero che gli smartphone di oggi hanno fotocamere molto performanti, ma la grande differenza tra uno smartphone e una fotocamera professionale è nelle lenti che utilizza. Non è un caso che nello smartphone sono miniaturizzare mentre una reflex, per esempio, ha delle lenti con una dimensione sicuramente più importante e questo si vede dal risultato finale. Anche se può sembrare impercettibile, ci sono grandi differenze nella profondità cromatica e di esposizione e nella post-produzione. Questi sono elementi fondamentali per ottenere il miglior risultato finale.

Segreto n. 4: "Assolutamente no, è vero che gli smartphone di oggi hanno fotocamere molto performanti, ma la grande differenza tra uno smartphone e una fotocamera professionale è nelle lenti che utilizza". Utilizza lo smartphone per telefonare e la fotocamera professionale per fare gli scatti fotografici. Parola di un professionista.

Adesso hai tutti gli elementi necessari per valutare come fare le prossime fotografie dell'immobile che prenderai da vendere o da affittare. Se hai ancora qualche dubbio ti invito a visitare la nostra pagina dedicata alla fotografia immobiliare dove ti spiego tutte le tecniche necessarie già descritte in questo libro. Ti lascio il link (www.gruppocreo.com/fotografia-immobiliare).

Abbiamo quindi visto i primi due step della Formula Creo, se pensi che sia finita qui, preparati a scoprire le nuove tecnologie, il meglio deve ancora arrivare. Abbiamo parlato di Home Staging e fotografia, che sono le attività entry level del marketing immobiliare.

Scoprirai, nel prossimo capitolo, che ci sono tecniche ancora più innovative e potenti che possono agevolarti il lavoro e migliorarne ogni singolo aspetto, anche quello organizzativo. Ti invito a proseguire nella lettura del prossimo capitolo, tutto dedicato alla tecnologia applicata alla progettazione degli spazi.

Riepilogo del capitolo 2:

- **Segreto n. 1:** Se decidi di fare le fotografie da solo, ricordati almeno di seguire i punti che ho descritto io, potrai fornire un servizio di qualità al tuo cliente.

- **Segreto n. 2:** Una casa ordinata e pulita si vende prima e meglio e forse anche ad un prezzo più elevato.

- **Segreto n. 3:** Ora che conosci i segreti di base della fotografia, saprai anche come distinguere fotografie fatte bene da quelle fatte male. Avere conoscenze di base in più ambiti, soprattutto quelli che riguardano il tuo lavoro è di vitale importanza.

- **Segreto n. 4:** Assolutamente no, è vero che gli smartphone di oggi hanno fotocamere molto performanti, ma la grande differenza tra uno smartphone e una fotocamera professionale è nelle lenti che utilizza. Utilizza lo smartphone per telefonare e la fotocamera professionale per fare gli scatti fotografici. Parola di un professionista.

Capitolo 3
Nuove tecnologie

Cosa si intende con "nuove tecnologie"? La faccenda qui si fa interessante perché dove c'è innovazione c'è tecnologia e soprattutto la novità. Questa novità è l'utilizzo del Virtual Tour come strumento di supporto alla vendita immobiliare. Quindi per essere un consulente digitale devi utilizzare anche questo genere di strumenti.

Se lo vedi da fuori sembra solamente un semplice strumento di passaggio, una moda. In verità porta con sé molti vantaggi che non aspettano altro che essere utilizzati da te per trarne un profitto sempre più grande. Io questi vantaggi li ho studiati e te li voglio donare per darti la possibilità di essere preparato quando deciderai di utilizzarlo.

Nell mia Formula Creo ovviamente il virtual tour che viene utilizzato è quello più completo, che dà la possibilità all'utente che lo guarda di avere a disposizione varie funzioni utili che vedremo più avanti.

Ho fatto questa scelta perché un po' per caso e un po' per necessità mi sono imbattuto in questo tipo di virtual tour. Il significato è che puoi virtualmente fare una visita dentro qualsiasi immobile da qualsiasi dispositivo e da qualsiasi parte del mondo, purché tu abbia una connessione a Internet. Già questo dovrebbe farti capire la potenza dello strumento.

Pensare che solo 5 anni fa era ancora un sogno poter avere a disposizione questo tipo di strumento, fa pensare a come le nuove tecnologie corrono sempre di più e come se non ti aggiorni, rimani indietro, nella preistoria dell'immobiliare. Quando sei immerso nella visita virtuale puoi spostarti liberamente nello spazio della casa e vedere ogni angolo e da molti punti di vista.

Questo è uno step in più rispetto alla fotografia, perché in questo caso sei tu a decidere dove guardare, non ci sono angoli ciechi. Ecco anche perché è molto importante preparare l'immobile come abbiamo visto nel capitolo precedente.

Con le fotografie invece riusciamo ad osservare solo attraverso l'occhio del fotografo ed è un punto di vista "limitato". Nel virtual tour invece è possibile scegliersi il proprio punto di vista per guardare la casa.

Nel momento in cui cercavo casa, purtroppo tutto ciò non l'ho trovato come acquirente e quindi la mia ricerca è stata piuttosto estenuante e faticosa. Molte visite e spostamenti continui. Proprio per questo motivo ho voluto far diventare il Virtual Tour l'elemento chiave della Formula Creo, perché tranne i primi due passaggi visti nel capitolo precedente tutto il resto parte dal Virtual Tour, senza di esso non è possibile fare tutto quello verrà dopo. Puoi vedere di cosa sto parlando andando su questa pagina e dove troverai diversi esempi. (https://gruppocreo.com/virtual-tour)

Come è ovvio che sia, non esiste solo questo genere di virtual tour che ho inserito nel mio metodo. Esistono anche altre soluzioni e non le ho scartate, senza dargli una chance.

Secondo me, ogni strumento ha la sua caratteristica di unicità che lo rende utile ed interessante. Per questo motivo utilizzo anche altri due software per realizzare virtual tour perché come dicevo nel primo capitolo, dopo la strategia quello che conta è capire cosa è meglio per te e per il tuo lavoro.

Per presentare gli immobili in vendita ad oggi il primo di cui ti ho parlato e che utilizziamo frequentemente ogni giorno è il migliore perché ha un grado di interazione come nessun'altro. Gli altri strumenti testati torneranno utili più avanti, te ne parlerò al momento opportuno.

Ricordati che ho deciso di raccontarti i miei segreti per darti la possibilità di scegliere con accuratezza come operare nel tuo stesso settore. Tornando allo strumento per realizzare i nostri virtual tour ti voglio riportare gli 8 vantaggi principali che ci fornisce per dare un prodotto di qualità senza compromessi.

Ti sarà capitato di avere un potenziale cliente nel tuo ufficio, a cui hai fatto vedere le foto degli appartamenti. Ora pensa a come potrebbe essere fare la stessa cosa, mostrando però i Virtual Tour delle case che hai nel tuo portafoglio immobili.

Quando apri il Virtual Tour il tuo cliente rimane a bocca aperta, almeno nel vedere il primo, perché puoi subito immergerti nell'immobile, bello, luminoso e pulito (ricordati che abbiamo effettuato anche l'Home Staging). Ti puoi muovere liberamente in tutte le direzioni, ti giri, alzi lo sguardo, vedi i pavimenti e i soffitti.

Insomma un'esperienza che ti rimane dentro e cosa molto importante ti fa capire subito se quella casa fa al caso tuo oppure no. Come già detto per le foto, non c'è mai una seconda occasione per fare una buona prima impressione. Ma lo stesso discorso vale per quell'utente che navigando online si imbatte (non a caso) nel tuo annuncio immobiliare e vede il tuo lavoro, come proponi gli immobili, tutto molto ordinato e chiaro.

Una comunicazione efficace, si hai capito bene, lo vedremo dopo, parleremo anche di questo. Da qui in avanti, avrai una marcia in più per mostrare ai tuoi contatti il tuo modo di lavorare come leva per l'acquisizione e per la vendita, grazie al Virtual Tour. Se ancora non ti basta ho preparato un elenco delle otto caratteristiche che si possono avere realizzando un Virtual Tour come quello sopra descritto e soprattutto i vantaggi che ne derivano.

- Qualità 4k. Grazie a questa potente macchina fotografica "girevole" con più di 134 megapixel di risoluzione, potrai catturare perfettamente ogni angolo della casa. Renderai visibile ogni ambiente a 360 gradi. Non ci saranno più sorprese per i visitatori. (4K 360°)

- La domanda più inflazionata quando cerchiamo casa è "mi entrerà il divano?". Grazie a questo Virtual Tour già prima di andare a visitare quella casa, sarà possibile misurare gli ambienti e capire se i nostri arredi entrano o no negli ambienti di quella casa. Si perché possiamo prendere le misure con una precisione del 99%. Mica male no? (misurazione)

- È nato con un altro scopo, ma ragionandoci su non poco, abbiamo fatto anche una stima sui consumi di CO_2 quando andiamo a visitare un immobile fisicamente. Nella migliore delle ipotesi siamo in due macchine separate. Abbiamo di media 5km di strada da percorrere per arrivare all'appuntamento. Questo impatto sull'ambiente con il Virtual Tour si può ridurre anche del 50%, andando a limitare a quelli indispensabili gli spostamenti per questo genere di attività. Se ti soffermi a pensarci, anche tu quante volte sei andato a fare visite che si sono rilevate perdite di tempo e basta? Pensa a quanto tempo potresti risparmiare e quando beneficio porterai all'ambiente in cui vivi. (ecologia)

- Se lavori bene, probabilmente avrai anche dei partner per servizi affini al tuo lavoro. Con il Virtual Tour puoi targhettizzare i tuoi partner. Nella visita virtuale c'è la possibilità di inserire dei piccoli "tag" che possono contenere informazioni relative ai tuoi "sponsor". Anche per loro è un canale interessante di visibilità, mentre per te è una possibilità di abbattere i costi del virtual tour. Avendo una media di 800 visite al mese per ogni immobile che andiamo a virtualizzare, sicuramente c'è la possibilità di arrivare a colpire potenziali clienti anche nel Virtual Tour. (tag pubblicitari)

- Ti svelo un piccolo segreto, quello che utilizziamo noi è uno strumento che oltre a fare delle belle foto, contemporaneamente costruisce un modello 3d dello spazio in cui viene attivato. Questo si traduce nella possibilità di estrarre una planimetria perfettamente fedele alla realtà. Questo punto porta con sé due aspetti vantaggiosi. Il primo riguarda la possibilità di verificare eventuali difformità rispetto alla planimetria catastale. Il secondo è che abbiamo la possibilità di avere in automatico una planimetria pulita pronta per la pubblicità online. (planimetria)

- C'è a chi piacciono e a chi no. Ma se ricordi ti ho detto che questo strumento è in fondo una macchina fotografica che scatta foto in 4k a 360 gradi. Quindi è possibile anche realizzare gli scatti fotografici direttamente dal lavoro ultimato del Virtual Tour. Io consiglio sempre l'intervento di un fotografo professionista, per tutti i vantaggi già citati nel capitolo precedente, ma anche questo può essere un vantaggio se sfruttato bene. (fotografie)

- Non poteva certo mancare l'ultimo elemento, quello che ancora non ho citato nella lista, il video. Esattamente, sembra assurdo, però anche questo si può fare tramite il Virtual Tour. Quindi l'aspetto ecologia, viene rispettato anche in fase di realizzazione, perché noi abbiamo un operatore che va sul posto una sola volta e da lì con il rilievo che effettua, porta via tutti i dati necessari per fare poi comodamente in ufficio anche la post-produzione di un video che è quell'elemento impattante necessario nella vendita immobiliare e che dà ancora più prestigio. Grazie a quello puoi attirare l'attenzione anche dell'utente più pigro. (Video)

- La vera potenza di questo strumento si percepisce da questo punto in poi. Dopo tutto, quello che abbiamo fatto finora è stato "fotocopiare" la realtà. Se ti dicessi che è possibile anche creare una realtà che non esiste se non nella virtualità del computer? Cosa abbiamo fatto dopo tutto questo?

- Abbiamo sperimentato e trovato la formula per andare oltre la realtà e basandoci su di essa abbiamo ottenuto gli strumenti necessari sui quale progettare il futuro. Ovviamente non ci siamo fermati li, siamo andati oltre e abbiamo costruito un processo che porta alla fase finale della Formula Creo. Te ne parlerò tra poco. (progetto)

Segreto n. 1: Il Virtual Tour è uno strumento semplice che racchiude tanti vantaggi. Sfruttali a tuo vantaggio e il tuo business immobiliare decollerà, velocizzando le vendite.

Ancora credi che questo strumento non sia indispensabile per il tuo lavoro immobiliare digitale? In fin dei conti il ragionamento che dilaga è che "tanto le case si vendono" giusto? Ti voglio svelare un segreto. Il modo di vendere gli immobili sta cambiando sempre più rapidamente. Quindi non rischiare di rimanere indietro. Se fai così avrai sempre più difficoltà a fare bene il tuo lavoro.

Prendiamo per esempio un caso limite, come è stato il lockdown della primavera del 2020. In quell'occasione chi tra i miei clienti aveva fatto il Virtual Tour per tutti gli immobili ha potuto, anche se con qualche difficoltà, continuare a lavorare.

Gli è stato possibile offrire una consulenza a distanza ai clienti che proprio perché chiusi dentro casa, avevano trovato tempo per cercare la nuova casa. Per cui ti voglio fare una domanda per farti ragionare attentamente. Augurandomi non ricapiti un'altra situazione come questa, pensi sia arrivato il momento di aggiornare i tuoi sistemi di sponsorizzazione degli immobili?

Sei davanti ad un bivio e forse ti stai domandando se è arrivato il momento di decidere da che parte stare. Puoi continuare a lavorare come hai sempre fatto e sperare, oppure puoi scegliere di cominciare a studiare e sperimentare i nuovi strumenti a disposizione per migliorare il tuo lavoro e portarlo su un piano superiore, dove sarai tu a scegliere quali immobili acquisire, non dovrai più accontentarti di ciò che capita.

Se tra chi farà il Virtual Tour e chi continuerà a non fare il Virtual Tour? Il marketing immobiliare è lo strumento con cui tu lavori quotidianamente, ma troppe volte viene sottovalutato, pensando che i clienti capitano per grazia divina. Ti garantisco che non è così. Hai la necessità di trovare i tuoi clienti con le scelte giuste, che farai solo se capirai come sta evolvendo il mondo.

Hai la possibilità di crescere ed utilizzare tutti gli strumenti che ti permettono di essere più libero e più produttivo. Puoi dire basta con gli impegni stringenti e delle volte inutili. Pensa a quante visite fasulle hai fatto finora. Quanto tempo ci hai perso? Pensa a quante ore nel traffico hai passato per gli spostamenti.

Pensa a tutto questo e rifletti sul tuo futuro. Ti parlo così perché ho fatto anche io le stesse cose, quante visite senza un vero senso logico. Solo perché non avevo fatto bene il mio marketing iniziale e quindi per risparmiare tempo all'inizio, lo perdevo dopo. A pensarci ora, credo che, avendo a disposizione tutti i mezzi tecnologici la qualità di questo lavoro può solo beneficiarne.

Se ancora pensi che non sia indispensabile il Virtual Tour, puoi anche chiudere qui il libro e continuare il tuo lavoro come hai fatto finora. Non mi offenderò perché probabilmente non hai afferrato il senso delle parole che sto scrivendo. Se invece senti quel fuoco dentro che ti fa pensare a tutte le volte che hai perso tempo, occasioni, possibilità di chiudere una vendita in pochi giorni.

Allora sei tra quelli che credono si possa cambiare e migliorare, quindi ti invito a proseguire nella lettura perché tra poco arriverà una sorpresa interessante. Ti offro la possibilità di sfruttare il vantaggio che io ho dovuto prima sperimentare e testare per diverso tempo.

Ho fatto molti tentativi fallimentari prima di arrivare alla formula che ti sto spiegando qui e che ti consiglio di metterla subito in pratica. Pensa solo a quanto vale una tua ora di lavoro in cui potresti dedicarti a fare nuove acquisizioni. Quante telefonate puoi fare in un'ora? Quanti clienti puoi raggiungere dal tuo ufficio con il telefono, o con internet?

Credo che la risposta te la sei già dato, dentro di te. Sicuramente è "molte", quindi valuta la possibilità di considerare questo strumento del Virtual Tour, come un metodo da applicare costantemente nel tuo lavoro. Avrai solo un enorme vantaggio sui tuoi colleghi.

Ora riparto dall'ultimo punto della lista di prima perché da quel punto in poi che si concretizza l'innovazione della Formula Creo. Come anticipato una volta acquisiti i dati dal Virtual Tour abbiamo tutto a disposizione per realizzare un progetto di ristrutturazione di massima.

Detto così, non sembra ci sia nulla di nuovo, eppure sento che hai già capito che c'è di più. Perché dopo due anni di costante ricerca e sperimentazione, siamo arrivati oggi ad avere un metodo di progettazione che è stato racchiuso in due semplici parole. Queste due parole sono "Project Tour".

Cosa significa? È il tour del progetto. Semplice no? Si a parole. Nei fatti ci sono voluti due anni per capire come ottimizzarlo e oggi ti posso dire che questo strumento è molto apprezzato e lo stanno utilizzando in molti, perché porta con sé molti vantaggi per il marketing immobiliare ma non solo. Ti starai domandando ancora dove sta l'utilità. Ora te lo spiego. Prima abbiamo visto gli 8 vantaggi del Virtual Tour, ora vediamo gli 8 vantaggi del Project Tour.

- Metti in mostra le potenzialità della casa, vendila già con il progetto di ristrutturazione e darai al cliente l'opportunità di capire subito come potrà venire quella casa se fosse sua e fosse ristrutturata (progetto).

- La planimetria classica non viene compresa da tutti con facilità, il 2d non è di facile comprensione se non sei un addetto ai lavori. Ma la planimetria 3d che si fa in questo caso è sicuramente più intuitiva e poi può essere utilizzata anche nel proprio sito web (planimetria 3d).

- Ambiente pulito da oggetti distraenti, solo l'essenziale. La potenza dell'Home Staging riportata nel Project Tour (arredamento).

- Facendo il modello 3d del progetto di ristrutturazione la cosa su cui andiamo a lavorare con particolare attenzione è la luce. Dentro una casa è uno degli elementi più importanti per comprendere le dimensioni di uno spazio (luce).

- Avendo fatto il Virtual Tour e il Project Tour è possibile metterli a paragone e questo è un grande vantaggio per chi non ha molta dimestichezza nel vedere spazi e l'architettura in genere (confronto).

- Considera che il tuo potenziale cliente sia fermo al semaforo e legge il tuo annuncio. Clicca sul link e viene portato direttamente dal telefono nel progetto di quella casa. Dato che ha un dettaglio fotorealistico, ne rimane affascinato e decide di contattarti perché l'hai colpito per la qualità del lavoro e del servizio che offri. Ogni momento è buono per impressionare (mobile).

- Fare la scelta giusta è sintomo di professionalità. Ci tieni al tuo lavoro e lo dimostri portando valore ai tuoi clienti, che ti ripagano con provvigioni più alte, perché percepiscono che sei un consulente immobiliare di livello (professionalità).

- L'ultimo vantaggio è un vantaggio relativo perché nel mio sistema di network nella fase di post-vendita è possibile grazie a questo prodotto acquisire anche la ristrutturazione. Sicuramente avrai aiutato qualche tuo cliente proponendo la ditta di ristrutturazione che conosci ma ora questo è un sistema organizzato e puoi avere dei vantaggi anche tu da questo metodo. Offri un altro servizio e incrementi il punto numero sette di questa lista (ristrutturazione).

Segreto n. 2: Hai fatto il Virtual Tour, ma se hai capito che non ti basta c'è dell'altro che si può fare. Puoi fare di più, puoi anche vendere casa con un progetto di ristrutturazione per aiutare l'immaginazione.

Ora che hai letto anche i vantaggi del Project Tour, ti rifaccio la domanda già fatta in precedenza. Credi ancora che le case si venderanno sempre nello stesso modo ancora per molto?

Non è forse meglio scegliere oggi di aggiornarsi e studiare nuovi metodi di marketing immobiliare? Diventa un consulente immobiliare digitale. Ti svelo un altro segreto: "puoi scegliere il tuo metodo di lavoro digitale". Non è una scelta tra l'essere o no digitali. La scelta è tra essere digitali nel modo corretto o facendo tutto per conto tuo. Il punto sarà sempre a chi vorrai affidarti per il giusto supporto nel tuo lavoro.

La Formula Creo è stata pensata per essere completa e quindi al suo interno racchiude tutto quello che è necessario per fare una vendita immobiliare. A questo punto non ti resta che venire a scoprirla cliccando su questo link che ti inserisco, dove parlo della formula e dei suoi vantaggi: https://gruppocreo.com/formula-creo

Un lavoro fatto meglio porta serenità al cliente, che parlerà bene di te e ti consiglierà ad amici e parenti. Il passaparola è sempre uno strumento di marketing molto potente.

Tu stesso in fase di acquisizione avrai la possibilità di fare leva su tutti i servizi che offri e che svolgerai sulla casa, che probabilmente i tuoi competitor non offrono ancora. Tu hai un grande vantaggio perché puoi studiare e mettere in pratica tutte le cose che ti ho detto finora. Valuta attentamente le tue prossime scelte di marketing perché faranno la differenza tra un consulente che si vuole distinguere da uno nella media.

Se fino a qui hai letto senza prendere fiato, prosegui nel prossimo capitolo perché ti svelerò i segreti per poter ottenere il massimo da tutto quello che hai fatto finora. Dopo aver fatto l'Home staging, le fotografie professionali, il Virtual Tour e il Project Tour, manca una cosa sola.

Dovrai decidere come presentarti online nel nuovo mondo digitale, con coerenza e precisione. Anche questo tassello è importante per ottenere il massimo dalla Formula Creo.

Segreto n. 3: La Formula Creo è l'insieme di tutte le tecniche fin qui descritte, ma senza lo step successivo non ci fai nulla con tutto quello che hai letto finora.

Riepilogo del capitolo 3:

- **Segreto n. 1:** Il Virtual Tour è uno strumento semplice che racchiude tanti vantaggi. Sfruttali a tuo vantaggio.

- **Segreto n. 2:** Hai fatto il Virtual Tour, ma non basta. Puoi fare di più, puoi vendere casa con la progettazione di una ristrutturazione globale.

- **Segreto n. 3:** La Formula Creo è l'insieme di tutte le tecniche fin qui descritte, ma senza lo step successivo non ci fai nulla con tutto quello che hai letto finora.

Capitolo 4
L'impatto dei social nell'immobiliare

Siamo giunti al capito del digitale vero e proprio. In questo capitolo ti parlerò di social e in alcuni punti utilizzerò termini tecnici, per cui non ti spaventare ma per molte di queste parole non c'è un altro termine che avrebbe lo stesso significato. Se hai dubbi alla fine del libro troverai un breve glossario con la spiegazione delle parole utilizzare in questo libro.

Ti ricordi prima dell'arrivo di Facebook come si comunicava? In effetti a pensarci oggi, dopo più di 15 anni, la comunicazione è stata completamente stravolta. Per fare il lavoro come consulente immobiliare, l'unico modo per comunicare all'esterno con rapidità era spendere un sacco di soldi in pubblicità come cartelloni stradali, volantini e giornalini, radio e televisione.

Pubblicità di ogni genere, che però non davano nessuna garanzia del risultato. Insomma, montagne di carta per comunicare verso l'esterno. La pubblicità online cominciava a prendere piede, ma non era ancora così potente, perché online non trovavi il numero di utenti che ci trovi oggi, ovviamente direi.

Se ora ci soffermiamo a pensare, invece, a come è oggi il mondo della comunicazione, ci rendiamo conto che è completamente cambiato, non solo nel canale comunicativo, ma anche nella percezione di come arriva la comunicazione. Molti studi e teorie dicono che siamo bombardati costantemente da più di 200.000 immagini e non ce ne rendiamo nemmeno conto.

Significa che il nostro cervello lavora costantemente, senza sosta perché sottoposto a continue sollecitazioni. L'esempio più eclatante è il social delle immagini, Instagram. Per cui quello che una volta era il volantino oggi è il post sui social. Rapido immediato e quasi a costo zero. Il cartellone stradale è possibile paragonarlo alla pubblicità a pagamento che si fa oggi su internet.

Questo tipo di comunicazione è "la nostra vetrina" digitale. Ti starai domandando perché ti sto raccontando queste cose. Il motivo è semplice. Nel mercato contemporaneo è impossibile pensare di fare questa professione, senza farsi pubblicità, mostrando il proprio lavoro.

Io stesso quando vengo contattato da un nuovo cliente, vado a vedere come si muovono sui social e cosa pubblicano, perché è diventato il tuo primo biglietto da visita. Quello più immediato e di facile accesso. Negli ultimi dieci anni sono state fatte molte evoluzioni e le modalità di fare pubblicità sono cambiate radicalmente.

Come per ogni nuova modalità di comunicazione, anche la pubblicità online porta con sé tanti vantaggi e anche tante insidie. Si esatto, pensavi fosse tutto molto più semplice, ma non è così. Apparentemente, lo potrebbe sembrare ma per "farsi pubblicità" sono necessarie molte più conoscenze e specializzazioni. Inoltre c'è molto più affollamento e concorrenza dato che è molto più accessibile il sistema di pubblicità online.

In sostanza, sembra che sia molto più semplice essere online e fare pubblicità. Ma fai attenzione, con questo non ti sto dicendo, apri Facebook e pubblica un post, oppure sponsorizzalo senza ragionarci. Quello che ti sto suggerendo è di seguire la lettura fino in fondo perché ti svelerò alcuni dei miei segreti per essere online con coerenza e accuratezza.

Io non sono un guru del marketing, ma nel tempo, vuoi per necessità e vuoi per passione, ne ho studiate tante di caratteristiche del marketing, e mi sono cimentato in varie tipologie di attività di questo genere per conoscerle e per proporle ai miei clienti. Quello che ho capito te lo riassumerò a breve nel darti il mio punto di vista di esperto del settore di marketing immobiliare.

Conosco le tue esigenze e so come puoi soddisfarle. Vorrei però, prima di andare avanti, dirti ancora un grande vantaggio degli strumenti contemporanei che utilizziamo, a cui forse non avrai prestato molta attenzione. Quando decidi di pubblicare un post nel tuo social preferito o in tutti i social un aspetto fondamentale da tenere in considerazione è la possibilità di misurare i dati che riguardano quel post.

Quante impressioni, cioè quante volte è apparso nei social dei tuoi follower. Quanti like ha ricevuto quel post. Quanti follower hai acquisito con quel post e così via. Se osservati bene anche i post possono fornirci alcuni dati sullo stato di salute della nostra presenza online.

Se è vero che un'azienda si valuta dai numeri, per i social vale lo stesso principio. Per migliorarsi bisogna osservare attentamente i numeri che otteniamo dal lavoro che si fa online. Se parliamo di sponsorizzate i numeri sono ancora più importanti e tanti da valutare. Si possono trovare molti dati su cui lavorare e soprattutto, tieniti forte per il primo segreto, per studiare la strategia più adatta a noi.

Segreto n. 1: Prima di muovere un solo passo, studia la strategia più adatta a te, se hai difficoltà posso aiutarti con una consulenza, in cui ti spiegherò le possibilità e ti illustrerò anche cosa è più adatto a te.

Tutto quanto detto finora te l'ho raccontato perché volevo arrivare al cuore della questione interessante per te e per il tuo business. Ti ho dato alcuni spunti per capire quanto sia vero, ma anche se sembra molto facile farsi la pubblicità, nella realtà dei fatti non lo è.

Ci sono molte cose da tenere in considerazione. La prima come ti ho detto è che senza una vera strategia è inutile anche solo pensare di pubblicare qualcosa. Il vero scopo della pubblicità online e della pubblicazione di post periodici è acquisire nuovi clienti. Nel tuo caso il tuo cliente è prima di tutto il venditore, colui che ha necessità di vendere o affittare casa.

Come ti ho specificato poco fa, il nostro social è il primo biglietto da visita che possiamo trasmettere agli altri utenti della rete. Per questo motivo è di vitale importanza, se decidi di andare online, farlo nel modo migliore possibile. Giustamente ti starai chiedendo, qual è il modo migliore? La mia risposta a questa domanda è "dipende da cosa ti rappresenta meglio".

Si possono pubblicare molte cose online, da una semplice foto ad una grafica, da un video a una sequenza di immagini. Insomma, è possibile realmente pubblicare di tutto. Proprio per questo motivo, il primo step dopo aver studiato la strategia, tieni forte per il secondo segreto, è decidere cosa pubblicare e come pubblicarlo e anche in che ordine.

Sembra una banalità, ma può fare una grande differenza. Sono pronto a scommettere che tra i tuoi profili che segui, ce ne saranno tanti che sono "tuoi amici reali", tanti che sono di tuoi interessi personali, ma altrettanti saranno lì, nella tua lista, perché ti piace cosa pubblicano, quando lo pubblicano. Probabilmente, avranno creato un'aspettativa con contenuti sempre nuovi e interessanti per te. Pensa che nel tuo lavoro potresti ottenere lo stesso risultato, basta ragionare attentamente prima di lanciarsi e decidere quali contenuti condividere con gli altri.

Segreto n. 2: Una volta stabilita la strategia adatta alla tua figura professionale è importante stabilire cosa, come e quando pubblicare un post. Non porta a nessun risultato pubblicare tanto per farlo, anzi ti porta via solo tempo, la tua risorsa più preziosa.

Ma quindi, ti starai domandando ancora, a cosa mi serve tutto questo? Io vendo case. Giusto, sono pienamente d'accordo con te.

Ma se ci rifletti un attimo, ti renderai conto che se il discorso fatto finora ti ha lasciato un segno, ti starai già domandando come e perché potrei avere la mia presenza online. Ti svelo un altro segreto ora.

Il social, essendo uno strumento che raccoglie tutte le nostre condivisioni, sono li, sempre a disposizione, è come se ti lasciasse la possibilità di non perdere nulla di quanto fatto fino a quel momento. Il volantino che stampi e distribuisci quando finisce muore li, a meno che non lo ristampi.

Quindi, se è vero questo e se è vero che per acquisire la fiducia di qualcuno è necessario coltivarla, come si fa in natura con le piante, avere la nostra storia sui social, fatta di materiale di qualità, ci consente di essere interessanti per i nostri followers e coltivarli nel tempo.

Segreto n. 3: La tua storia è sempre a disposizione, per questo valuta bene cosa lasciare alla storia. Il tuo miglior biglietto da visita è il tuo lavoro, si diceva una volta, oggi è il tuo profilo social.

Un aspetto fondamentale del mercato immobiliare è che le necessità cambiano nel tempo. Online è lo stesso. È importante esserci, con costanza e con chiarezza. Pubblica solo contenuti di qualità che arricchiscono i tuoi seguaci e si ricorderanno di te quando ne avranno bisogno.

È facile trovare la scusa, come per esempio, che sui social nessuno sta lì per aspettare te. Ma è solo una scusa priva di significato. Forse non stai facendo le cose nel modo corretto. Ci hai mai pensato? Se non ci credi tu per primo, difficilmente trasmetterai professionalità e qualità attraverso i tuoi canali social.

Ora che ti ho svelato i 3 segreti fondamentali dell'utilizzo dei social network e della rete in generale ti voglio riportare un elenco dei 5 vantaggi che puoi ottenere da un utilizzo corretto di questi strumenti web. Leggili attentamente perché sono importanti per migliorare già da oggi la tua modalità di presenza online, come consulente immobiliare professionale e qualitativo. Ecco la lista:

- La visibilità è molto importante per il tuo lavoro. Se non curi il tuo aspetto nella vita reale non farai una buona prima impressione. Online vale lo stesso principio. (visibilità)

- Il passaparola è il metodo più antico di fare business, online si può fare comunque passaparola e con i giusti accorgimenti è possibile aumentare il vantaggio acquisito (passaparola online)

- Ne abbiamo già parlato ma è un concetto molto importante, pubblicare solo contenuti di qualità è sintomo di professionalità. Un profilo che non cura questo aspetto si distrugge da solo. In questi casi è meglio non pubblicare proprio, piuttosto che uscire a tutti i costi con contenuti privi di significato e di qualità grafica dubbia. Il rischio è di fare l'effetto contrario e bruciarti potenziali clienti che non comprendono il significato di ciò che pubblichi. (contenuti)

- Se ci pensi online ci sono le stesse persone reali, che vendono e comprano case reali. Credi ancora che non sia necessario cercare lì? (clienti reali)

- Il compito principale del tuo mestiere è trovare persone che hanno necessità di vendere casa. Ma quanto è diventato difficile entrare nelle case per fare una valutazione? Grazie ai social è possibile arrivare ed entrare letteralmente nelle case delle persone. Potresti fare molta meno fatica di quindici anni fa, sempre e solo se utilizzi bene gli strumenti che hai a disposizione. (fatica)

Ora che conosci anche i vantaggi non ti rimane che decidere cosa vuoi fare con quello che hai a disposizione. Faccio un esempio pratico. In questo libro ti ho parlato della Formula Creo che ho studiato e sperimentato per te.

Quindi, poniamo il caso che decidi di fare tutte le cose che ti ho suggerito. Pensi che il processo sia finito lì? Ora che hai preparato tutto il materiale per la vendita di quella casa, sei pronto per andare in pubblicità. Ti viene subito qualche dubbio, quale pubblico per primo? Cosa metto online? Metto tutto?

Tutte queste domande ti affollano la mente e non avendo le giuste competenze di marketing fai le cose un po' raffazzonate. Dopo un po' non vedi i risultati che ti aspettavi e te la prendi con la casa che è posizionata male, ha un prezzo troppo alto.

Hai, però, perso il focus della questione. Tu vendi case, vendi emozioni. Se non le esprimi con i contenuti che pubblichi, molto probabilmente non passerà il messaggio che quella è la casa migliore per quell'unico cliente che la sta cercando. Magari, la guarda anche distrattamente perché non è più bella o meglio sponsorizzata di tante altre.

Allora ti pongo davanti ad una riflessione, su cui vorrei ti soffermassi attentamente. La tua necessità di vendere immobili è dettata dal fare questo lavoro perché non volevi fare altro, o perché stai facendo quello che ti piace fare e quindi sei felice del tuo lavoro? È il lavoro che ti fa alzare carico di emozioni la mattina per andare e fare la migliore prestazione di sempre?

Parliamoci chiaro, questo non è un lavoro per dipendenti, la mentalità deve essere quella giusta, di colui che sa cosa sta facendo e che risultato vuole ottenere. Ti voglio spingere a compiere questa riflessione perché troppo spesso online, per lavoro e per diletto, vedo delle cose di cui mi chiedo il senso.

Foto ritratti professionali del team con la testa mozzata, si hai capito bene, non si vede la faccia. Fotografie di immobili in vendita che sono buie, storte non ottimizzate per il social su cui sono pubblicate. Allora, io mi chiedo, la vuoi vendere davvero quella casa? Chiaramente il mio supporto serve per evitare esempi così, perché per me la qualità viene prima di ogni cosa.

È vero che il "bello" è un concetto relativo, ma le emozioni si possono suscitare solo se facciamo le cose nel modo corretto. Dovresti iniziare a trattare ogni immobile in vendita come un gioiello, un diamante grezzo da cui puoi e devi tirare fuori il massimo profitto per te è per il tuo cliente venditore.

Segui i miei consigli descritti qui, comincia a pensare che è arrivato il momento di cambiare rotta o presto dovrai fare i conti con un'attività in declino, una vita priva di stimoli e cambierai lavoro, rischiando di aver perso solo troppo tempo. Tira fuori quel fuoco che un giorno, ti ha dato la carica per iniziare questa professione.

Segreto n. 4: Coltiva i tuoi stimoli che ti hanno spinto a fare questa professione. Ti aiuterà a pensare più facilmente a come coinvolgere gli utenti della rete per portarli più vicino a te.

Hai l'opportunità di sfruttare a tuo vantaggio tutto quello che il network offre. Se ancora non ci credi, cerca i migliori del tuo settore che sono online e che fanno quello che gli riesce meglio, mettendosi in mostra, non perché sono più intelligenti di te, ma perché hanno capito come sfruttare questi strumenti a loro vantaggio.

Delle volte basta una scintilla per capire che basta poco, per migliorare la nostra attività lavorativa. È lo stesso che è capitato a me, iniziando con la mia azienda e con tutto quello che ne consegue. Ti invito a considerare il social come uno strumento di lavoro e non più come un luogo dove consumare contenuti per lo più inutili.

Il digital marketing per te che vendi case trova terreno fertile sui social perché sono tutti tuoi potenziali clienti. Non hai limiti di età o di sesso, di religione o professione. Il bello sta proprio nel riuscire ad a trovare la giusta soluzione ad ogni tipo di cliente che ti può capitare.

Per questo ho deciso che l'ultimo capitolo lo dedico a te, che sei una persona, umana, con dei sentimenti e delle sensazioni e con il mio supporto ti aiuterò a capire come avere sempre con te il giusto stimolo per fare bene il tuo lavoro. Mi potrai considerare il tuo stylist di fiducia, colui che ti suggerirà nell'orecchio cosa è meglio fare e soprattutto cosa è meglio non fare. Ti invito a proseguire nella lettura per conoscere i segreti che portano all'identikit del consulente immobiliare perfetto o quasi.

Segreto n. 5: La figura che ho creato per dare supporto con consulenze e suggerimenti l'ho chiamata Stylist, perché sono un sostenitore del bello a tutti i costi, perché ciò che appare bello agli occhi, la mente lo recepisce come amico. Potrai aprirti tante porte se lavori bene e con la giusta qualità nei tuoi canali social.

Riepilogo del capitolo 4:

- **Segreto n. 1:** Prima di muovere un solo passo, studia la strategia più adatta a te, se hai difficoltà posso aiutarti con una consulenza, in cui ti spiegherò le possibilità e ti illustrerò anche cosa è più adatto a te.

- **Segreto n. 2:** Una volta stabilita la strategia adatta alla tua figura professionale è importante stabile cosa, come e quando pubblicare un post. Non porta a nessun risultato pubblicare tanto per farlo, anzi ti porta via solo tempo, la tua risorsa più preziosa.

- **Segreto n. 3:** La tua storia è sempre a disposizione, per questo valuta bene cosa lasciare alla storia. Il tuo miglior biglietto da visita è il tuo lavoro, si diceva una volta, oggi è il tuo profilo social.

- **Segreto n. 4:** Coltiva i tuoi stimoli che ti hanno spinto a fare questa professione. Ti aiuterà a pensare più facilmente a come coinvolgere gli utenti della rete per portarli più vicino a te.

- **Segreto n. 5:** La figura che ho creato per dare supporto con consulenze e suggerimenti l'ho chiamata Stylist, perché sono un sostenitore del bello a tutti i costi, perché ciò che appare bello agli occhi, la mente lo recepisce come amico. Potrai aprirti tante porte se lavori bene e con qualità nei tuoi canali social.

Capitolo 5

Il consulente al centro

Siamo arrivati quasi alla fine e, prima di lasciarti, vorrei farti un riepilogo di quello che abbiamo trattato finora. Porta con te la lista che troverai dopo, perché ti potrà essere molto utile per svolgere da qui in avanti la tua professione. Solo se il tuo obbiettivo sarà quello di migliorarla giorno dopo giorno.

Quello che vorrei passarti è la possibilità di accedere ad un piano più elevato rispetto a dove ti trovi ora. La Formula Creo che ti presento ora è studiata per offrire il massimo in termini di marketing immobiliare. Per questo motivo potrai anche strappare questa pagina e portarla sempre con te, affinché ti sia di supporto nel momento in cui ne avrai più bisogno.

Nella lista in sei punti ti racchiudo tutto quello che sarà necessario sapere per poter fare il miglior marketing immobiliare, con risultati certi e provati da decine di nostri clienti. Partiamo subito con i 6 punti della lista:

- Home staging. Prepara e presenta sempre al meglio i tuoi immobili. Non avrai una seconda occasione per fare una buona prima impressione. Nella vendita l'aspetto esteriore è molto importante. Compreresti un Iphone se non fosse posizionato in quella meravigliosa scatola di cartone liscia con la stampa in rilievo? Acquisteresti una macchina sporca anche se nuova? Per le case è lo stesso, ricordati di ordinarla e pulirla per fare tutto quello che verrà dopo nel miglior modo possibile.

- Fotografie professionali. Dopo aver preparato bene la casa è indispensabile fare le foto più emozionali possibile. Ricorda che si vende grazie alle emozioni e non solamente sulla base del prezzo o di altri fattori minori. Lo stimolo principale viene dal nostro cuore quando decidiamo di comprare una casa. Se trasmetterai sensazioni positive al futuro acquirente, otterrai sempre il massimo profitto dalla vendita. In più avrai portato valore nella vita di qualcuno, che è sempre un ottimo risultato personale.

- Virtual tour. Qui cominciamo a divertirci. Vai sul posto una volta sola, porta via tutto quello che ti serve per il dopo. Semplice, veloce e di forte impatto. Ancora non ti è venuta voglia di provarlo? Questa è la vera rivoluzione del marketing immobiliare. Partendo da qui è possibile fare molte cose successivamente. Cambia la modalità con cui puoi interfacciarti con i clienti acquirenti. Cambia la modalità con cui fare la pubblicità. Cambia anche la tua organizzazione lavorativa, risparmia tempo per spostamenti inutili e visite perditempo.

- Project tour. Avendo già scansionato tutta la casa passare allo step successivo è molto più semplice. Avresti mai pensato di vendere una casa con un progetto di ristrutturazione integrato? Credo proprio di no, infatti è un prodotto innovativo che forse ancora non avevi pensato di offrire negli annunci di vendita. Con la Formula Creo avrai tutto questo a disposizione, per vendere nel più breve tempo possibile tutti gli immobili. Sarà una leva molto forte per acquisirne altri e continuare in questo loop in ascesa.

- Re-Social. Adesso che sai tutti i segreti sull'utilizzo dei social, potrai scegliere in che modo e in quale momento vorrai postare un appartamento in vendita, per trarre il massimo vantaggio dal tempo investito per creare quel post. Tieni sempre a mente che tu vendi emozioni e poi immobili. Con questa logica di funzionamento riuscirai a fare breccia in molte più persone di quanto immagini. Con la mole di materiale disponibile riuscire a risaltare è sempre più complicato, quindi è molto importante offrire sempre contenuti di qualità a chi ha scelto di seguirti per i più disparati motivi.

- Sponsorizzazione. A questo punto sei il re del marketing immobiliare. Non ti manca nulla per il tuo annuncio immobiliare. Dopo il social è arrivato il momento di sponsorizzare la tua agenzia per acquisire nuovi clienti venditori. Per poter migliorare il tuo posizionamento online ed essere colui che viene scelto per vedere la propria casa, dovrai fare della tua presenza online il tuo miglior biglietto da visita che puoi mostrare.

Prima di tutto strategia e obiettivi. Sei arrivato fin qui nella lettura e senti la necessità di un cambiamento nel tuo lavoro. Forse sono tanti anni che sei nel mercato e ti sei reso conto che il tuo modo per vendere le case è lo stesso di venti anni fa.

Anche se il tuo lavoro non è mai cambiato, se ti fermi a ragionare, lui invece quanto è cambiato nel tempo? Non è troppo tardi però per poter aggiornare i propri sistemi mentali. Il risultato di questo processo porta alla Formula Creo, di cui ti ho parlato che è stata studiata e sperimentata con decine di clienti per renderla sempre più in linea con quelle che sono le tue necessità.

Segreto n. 1: La formula creo è stata pensata per te per far sì che ogni vendita sia la vendita migliore di sempre. Entra in un loop autoalimentante di prestazioni di livello per il tuo lavoro.

C'è un settimo punto che, però, non ho inserito nella lista, perché credo fosse giusto dedicargli un capitolo del libro. Questo punto parla dell'elemento più importante in questa professione. L'elemento umano, tu, che stai leggendo e che svolgi questa professione, o hai deciso di iniziarla da poco.

Sei al centro di un sistema economico molto grande ed importante, in tutti i paesi del mondo. Sicuramente in Italia lo è ancora di più. Per questo motivo, se fatto bene, può portare a grandi vantaggi e grandi soddisfazioni.

Ma per ottenere tutto ciò devi fare un grande lavoro su te stesso. Il mio ruolo è di consigliarti su come fare il marketing per farlo "bello" e di qualità. Per quello che riguarda la tua figura professionale, ci sono molte cose che si possono scegliere di fare. Preparati al meglio nel tuo lavoro, studiando le novità e tutti i cavilli del mestiere.

Non farti trovare impreparato davanti alle obiezioni del cliente. Studia le novità burocratiche e le documentazioni di settore. Molti credono che questo lavoro sia solo trovare case da vendere e poi il gioco è fatto. Dietro ogni casa c'è la problematica che sta lì e aspetta solo che apri la porta per uscire.

Difformità catastali e mancanza di agibilità, per citarne alcuni dei più comuni. Sicuramente per fare questa professione è necessario saper risolvere tutte le possibili problematiche che si possono presentare. Se però ci si arriva preparati sarà tutto molto più semplice e veloce.

Il vero professionista sa anticipare i problemi, perché non solo li conosce, ma sa anche riconoscere gli alert di quello specifico problema che sta per arrivare. È chiaro che molte di queste situazioni si acquisiscono con le esperienze vissute, ma è importante prepararsi al meglio per essere un vero professionista.

Segreto n. 2: La tua capacità di anticipare i problemi per i tuoi clienti ti consente di essere il punto di riferimento per loro. Con il tempo e la giusta esperienza alle spalle imparerai a risolvere tutte le problematiche del tuo lavoro.

Dopo aver scelto di fare tutto quello che ti ho descritto finora, la cosa più importante che dovrai fare, sarà lavorare su di te, sulle tue competenze e sulla tua immagine, come professionista e come persona. Potrà sembrare un consiglio scontato o banale, ma nel tempo ho imparato anche io che è importante costruirsi una buona reputazione e dare molto più valore di quanto se ne riceve.

Un vecchio detto dice così: "Fai una cosa fatta bene e non la conoscerà nessuno, ma fanne una fatta male, la sapranno tutti".

Inoltre, è molto importante arrivare preparati e non improvvisare mai. Il mio supporto come Stylist del consulente è sia per presentarsi al meglio con il marketing per le case, ma anche per il marketing per te stesso.

Il punto fondamentale è poter offrire sempre la giusta soluzione e offrire una qualità che ti contraddistingue dagli altri, rendendoti unico e consapevole dei tuoi mezzi. Potrai pensare che sia scontato, ma se un cliente ti ha scelto, lo avrà fatto pe un motivo serio. Fiducia, preparazione, professionalità. Più trasmettiamo queste qualità e più arriviamo a persone che cercano professionisti come noi.

Quindi, è una cerchia autoalimentante dove se dai di più, otterrai sempre di più in cambio. Potrai essere un professionista che trasmette emozioni positive, risultati misurabili e tangibili, in automatico la tua reputazione ne risentirà positivamente. Man mano che la tua reputazione sale, il passaparola farà il resto, ricordati che è uno degli strumenti di marketing più antico e potente.

Se unito a tutto il resto del marketing qui descritto, abbiamo appena parlato dell'identikit del Consulente Immobiliare che piace a me e che ritengo perfetto per questo ruolo. Sono sicuro che piace anche a te, quindi cosa stai aspettando? Ora sei di fronte ad un bivio.

Puoi scegliere di proseguire la tua vita come hai sempre fatto, ignorando quello che ti ho detto. Oppure puoi scegliere il cambiamento, l'aggiornamento dei tuoi sistemi mentali e lavorativi. Studia una nuova strategia per vincere e convincere i tuoi clienti. Seleziona il tuo target ideale e concentrati solo su quello.

Prepara un piano e studia le prossime dieci mosse come nel gioco degli scacchi. Hai la possibilità oggi di evolverti alla versione innovativa del consulente Immobiliare Digitale. Non perdere questa grande occasione, perché con la prossima crisi potresti essere tu il primo consulente che si perde e rimane senza possibilità di lavorare, perché troppo arretrato e privo degli strumenti adatti.

Credi in te stesso e nei mezzi che la tecnologia moderna ci mette a disposizione. Se non sarai tu il primo a credere che quella casa che stai proponendo in vendita è la migliore sul mercato per quel tipo di target specifico, non riuscirai mai a venderla.

Probabilmente darai la colpa alla casa o al prezzo troppo elevato. Prima di arrivare a quel punto, considera che forse stai sbagliando approccio e magari puoi porti meglio nei confronti di quell'affare come di tutti gli altri che affronterai nel futuro.

Proprio per questo motivo ti riassumo quelli che ritengo siano i 3 principali motivi per fare questa professione, che ti aiuteranno nello svolgimento continuo del tuo lavoro. Vedili come un vademecum per la professione del consulente immobiliare digitale:

- Sei un libero professionista. Come tale hai l'obbligo morale di aggiornarti costantemente. Sperimenta e prova le novità. Non ti fermare alle scoperte di venti anni fa, o ai sistemi obsoleti che non producono più risultati.

- Hai tra le mani sempre "l'affare della tua vita" e quindi prova a venderlo nel più breve tempo possibile. Solamente dando il massimo otterrai di più.

- I sistemi cambiano, i metodi cambiano, tu resti sempre il centro del tuo sistema di riferimento.

Ora che sai perché fare questo lavoro, e come farlo al meglio non ti resta che fare una scelta e cambiare per sempre la rotta del tuo lavoro. Questo beneficio porterà anche vantaggi a tutte le altre sfere della tua vita. Se ci rifletti ci puoi arrivare.

Più tempo risparmi per le visite fasulle e più tempo hai da dedicare a te stesso e la tua famiglia per esempio. Meno stress nel traffico e più ne gioverà intanto l'ambiente ma anche tu. Raggiungi i tuoi clienti online con i sistemi di cui abbiamo parlato. Anche io mi sono trovato nella tua stessa situazione, poco tempo da dedicare alla famiglia, troppo stress nel traffico.

Ma poi ho deciso che era meglio cambiare rotta e decidere di fare le cose nel modo più opportuno, adeguandomi alla situazione attuale che avevo a disposizione. Ho capito che dovevo fare una scelta tra il continuare a fare le solite cose e "morire" oppure fare "azione" e decidere io il mio destino.

Tu decidi il tuo futuro. Il rischio, come già ti ho detto precedentemente in questo libro, è che i metodi cambiano, le necessità cambiano e con esse gli strumenti con cui vengono fruite. Il fatto che le case si siano sempre vendute in un modo, non ti giustifica nel dire che è inutile tentare di trovare una strada alternativa. Non hai più scuse ora. Le strade meno battute sono quelle più interessanti perché possono riservarti grandi soddisfazioni.

Segreto n. 3: Tu sei il centro del tuo sistema di riferimento, tu decidi il tuo futuro e puoi stabilire come muoverti nel mercato immobiliare. Il rischio più grande è di non essere più apprezzato per come si lavora.

Inoltre, ti do un consiglio personale da professionista a professionista: "non rimanere indietro per paura o per pigrizia. La capacità di riconoscere di avere bisogno di aiuto è già un passo importante verso il cambiamento e l'aggiornamento." I nostri sistemi mentali spesso sono le gabbie in cui noi stessi ci rinchiudiamo, senza renderci conto che ci stiamo soffocando da soli. Il vantaggio per questo settore è la possibilità di crescere e insieme al tempo che passa e che porta con sé molte novità, è possibile aggiornarsi sempre.

Riepilogo del capitolo 5:

- **Segreto n. 1:** La formula creo è stata pensata per te per far sì che ogni vendita sia la vendita migliore di sempre. Entra in un loop autoalimentante di prestazioni di livello per il tuo lavoro.

- **Segreto n. 2:** La tua capacità di anticipare i problemi per i tuoi clienti ti consente di essere il punto di riferimento per loro. Con il tempo e la giusta esperienza alle spalle imparerai a risolvere tutte le problematiche del tuo lavoro.

- **Segreto n. 3**: Tu sei il centro del tuo sistema di riferimento, tu decidi il tuo futuro e puoi stabilire come muoverti nel mercato immobiliare. Il rischio più grande è di non essere più apprezzato per come si lavora.

Conclusione

Adesso siamo arrivati veramente alla fine di questo viaggio e vorrei lasciarti con una riflessione per me molto importante. Ti ho raccontato i miei segreti che mi hanno spinto a scrivere questo libro e anche quelli che utilizzo per il mio lavoro giorno dopo giorno.

Il vero scopo del libro è quello di farti avvicinare a questo nuovo mondo di opportunità che grazie alle nuove tecnologie, sono in costante evoluzione. Senza sosta io mi aggiorno e studio come migliorare il mio lavoro e di conseguenza come posso migliorarlo per i miei clienti. Molto spesso mi capita di avere a che fare con professionisti che non hanno ancora ben capito tutte le potenzialità degli strumenti che ho descritto in questo libro.

Proprio per questo motivo spero che grazie a questa lunga lista di strumenti e vantaggi, deciderai a breve di iniziare a cambiare il tuo modo di lavorare e di approcciarti alla vendita immobiliare.

Solo se avrai capito tutti i vantaggi che puoi trarre da questo libro, riuscirai a fare un salto di qualità nella tua attività. Potrai afferrare il concetto che sta dietro al mero strumento e capire le implicazioni più profonde.

Ora lo sai anche tu. Il marketing immobiliare è molto importante ed è necessario farlo nel modo giusto. Ti ho raccontato come tu puoi cambiare la tua vita attraverso l'evoluzione naturale delle cose nell'era del digitale. In ogni ambito in cui andiamo a mettere mano, c'è sempre l'aggiornamento costante e nell'immobiliare non è certo diverso.

La mia speranza è quella che tu abbia compreso realmente tutte le potenzialità degli strumenti ma soprattutto, che lo strumento più importante nel tuo lavoro sei sempre stato tu. Io posso farti "bello" con il marketing, perché opero in questo modo e ho lo scopo di migliorare l'estetica dei miei clienti. Rendo migliore la tua presentazione verso l'esterno.

Ma se dentro di te non senti quel cambiamento, quel fuoco che arde per accogliere l'inevitabile evoluzione, non potrai apportare nessun miglioramento alla tua vita lavorativa. Rimarrai il consulente immobiliare che fa sempre le stesse cose.

Potresti proporre e fare del tuo marketing l'arma vincente per prendere nuovi incarichi. C'è una frase del mio mentore a cui mi rifaccio spesso che dice così: "Nulla cambia se non sei tu a cambiare" Alfio Bardolla. Se in fin dei conti continui a lavorare come hai sempre fatto, difficilmente vedrai cambiamenti.

Se stai ancora lì ad aspettare che entri la gente nella tua agenzia su strada, sarà sempre più dura acquisire nuovi clienti. Oramai la presenza prepotente di internet compromette di molto la tua presenza fisica. Immagina che la vita online segue delle regole diverse dalla vita reale.

L'online si può in qualche modo paragonare alla vita reale, ma è come se fossi in un deserto di ghiaccio dove non passa nessuno, quindi dovrai essere tu ad andare dal tuo cliente, andare a cercarli dove passeggiano loro.

Dovrai cercare il modo di farti notare e di farti riconoscere dai passanti della rete. Diverso è il discorso nella realtà. La gente cammina per strada, passa, viene stupita, entra e se tu sei bravo porti a casa il punto. Ma online è esattamente all'opposto. L'utente che sta online non ti verrà mai a cercare. Ti nota se tu ti fai notare.

Passi facilmente inosservato, e anche decidendo di spendere i tuoi soldi per farti notare, potresti farlo male e produrre solo l'effetto contrario. Rischiando di bruciarti potenziali clienti per degli errori che potevano essere evitati. È importante essere presente in tutti e due i posti, la realtà e l'online, ma le regole del gioco sono diverse le une dalle altre.

Prima impari questa legge e prima ti adatti al cambiamento inevitabile che abbiamo vissuto negli ultimi dieci anni. Pensa a come potrà essere tra altri dieci anni nel futuro. Forse l'ho detto più di una volta, ma se non vuoi rimanere indietro o peggio ancora, a casa, avrai per forza bisogno di evolverti e diventare un Consulente Immobiliare Digitale come il titolo di questo libro.

Ora che sei arrivato fino a qui, hai anche conosciuto i segreti che si celano dietro alle mosse necessarie per essere online e anche come esserci nel migliore dei modi. Hai capito che non basta solamente esserci, ma è importante il Come sei online.

Sei di fronte al bivio di cui parlavo prima. La scelta da compiere sarà la tua rinascita o la tua rovina. Potrai scegliere se fare la differenza nel tuo lavoro, o rischiare di "estinguerti" molto presto. I metodi sono cambiati e molto probabilmente tra dieci anni cambieranno ancora.

Ora sai cosa dovrai fare per non estinguerti, ti consiglio di essere veloce ad evolverti, approfitta dei miei consigli e fai la scelta giusta. Tutto ciò di cui ho parlato finora è tutto ciò di cui avrai bisogno per essere da oggi la versione migliore di te stesso nella tua professione immobiliare.

Vorrei riportarti due testimonianze di miei clienti molto affezionati, che ormai non possono fare a meno della Formula Creo. Sono i primi ad aver capito che era importante essere sempre aggiornati e togliersi quelle credenze limitanti che spesso ci rinchiudono in gabbie di cristallo.

Spesso il limite più grande che ci creiamo nella nostra testa è che "tanto le cose si sono sempre fatte così" e quindi molto probabilmente se ti fermi a pensarci nemmeno ti ricordi perché fai determinate cose in quel modo. Questa è la credenza limitante più comune, ma ce ne sono tante altre, pensa solo a come svolgi il tuo lavoro e sicuramente ne troverai delle altre.

La notizia positiva è che le puoi modificare fino ad eliminarle. Usi questi sistemi vecchi, senza farti domande più di tanto. Finché funzionerà va bene, ti dici. Ma sono sicuro che sei hai avuto lo stimolo di leggere questo libro, qualche domanda te la stai facendo. Spero che queste testimonianze ti facciano capire cosa realmente conta nel tuo lavoro.

Andrea Pazzetta su Google ha scritto nella pagina della mia azienda: «Ho avuto la fortuna di conoscere un vero professionista come Gianluca, diciamo che persone e professionisti come lui ce ne sono veramente pochissimi. Abbiamo instaurato un ottimo rapporto lavorativo e di collaborazione. Sul lavoro posso dire che è impeccabile e serio, molto attento alle esigenze del cliente e sempre pronto a soddisfare qualsiasi richiesta. Chiunque avrà a che fare con lui si troverà sicuramente bene come è capitato a me. Consigliatissimo!»

Pierpaolo Tua, sempre su Google, ha scritto invece questo: «Ho iniziato a collaborare stabilmente con Creo Group grazie alla professionalità e alla dinamicità dell'amministratore e cofondatore, Gianluca Palermi. Gianluca e il suo team si dimostrano quotidianamente competenti e tempestivi nell'intercettare le mie esigenze professionali di agente immobiliare.»

Ti ho riportato queste due testimonianze per farti comprendere realmente come la mia Formula ha aiutato e sta aiutando decine di professionisti come te.

Grazie a questo nuovo metodo di fare marketing ti renderai conto che finora quello che avevi fatto avrebbe potuto produrti molto di più in termini di qualità di lavoro ma anche in termini di qualità di vita.

Si, perché il mio scopo non è solo quello di farti lavorare meglio, ma se grazie all'ottimizzazione del lavoro riesci a prenderti cura della tua vita e della tua famiglia, non credi che potrebbe essere un vantaggio doppiamente importante?

Finalmente appena finirai questo libro aprirai gli occhi e penserai "ma perché non l'ho fatto prima?". Non ti preoccupare, c'è la possibilità di migliorare ora, forse dovevi solo conoscere la giusta possibilità di migliorare la tua vita e capire come è il mio compito.

Io ci metto sempre molta passione e senza quella non sarei arrivato ad avere gli stimoli che ho tutti i giorni da parte di clienti affezionati che continuano a collaborare con me. Inoltre quello che realmente ha fatto la differenza per me e la mia azienda è stato quello di realizzare oltre ai prodotti per i clienti, anche un prodotto per i miei collaboratori, con il quale possono interagire e fare meglio e sempre con la stessa loro passione, il lavoro quotidiano.

Questo prodotto l'ho chiamato Creo Net ed è una rete di professionisti con una vision comune. Dare a tutti i clienti di Creo

Group, la mia azienda, prodotti e servizi di qualità perché per ogni tipologia di servizio c'è sempre il professionista di riferimento.

Questa vision mi ha motivato da quando sono partito con questo progetto perché ho intuito che nel lavoro sono importanti tre cose, la professionalità, la qualità e la velocità e tutte e tre un professionista da solo non riesce sempre a garantirle.

Ma se lo stesso professionista viene inserito in un contesto di suoi pari e con un'azienda innovativa alle spalle, sicuramente riuscirà a rendere meglio nel suo lavoro e garantire tutte e tre le tre cose importanti per un lavoro perfetto, di qualità in tempi rapidi. Proprio per questo motivo il libro e l'azienda sono legati da un filo conduttore che ha dell'incredibile.

Le idee migliori sono nate dopo l'ideazione di questo libro e parti del libro sono nate dagli scambi con i professionisti che ne fanno parte. Abbiamo potuto perfezionare molti dei nostri processi e migliorare i nostri prodotti per offrirli ad un mercato immobiliare in continua evoluzione.

Quindi, l'ultimo consiglio che ti do, è quello di affidarti sempre e solo a veri professionisti. Non lasciarti abbindolare da tuttologi che si professano come i migliori sulla piazza e poi al primo problema scappano. Il gruppo di Creo Net segue costantemente i clienti e li aiuta nel processo di marketing per agevolare la buona riuscita di tutti i prodotti e servizi che offriamo.

Abbiamo capito che per te che sei consulente immobiliare, più di altri, il tempo vale anche il doppio del valore reale, che è già alto per tutti noi. Quindi abbiamo fatto un connubio di professionalità e qualità, mixata con la velocità che serve in questo settore.

Conosciamo bene le tue esigenze e abbiamo studiato come possiamo ottimizzarle al meglio delle nostre possibilità. Perciò ora ti chiedo. Credi ancora possibile un cambiamento radicale nello svolgimento della tua professione? Hai compreso che oltre al semplice servizio c'è dietro un gruppo serio di professionisti con una vision e una mission comune?

Un'azienda composta da professionisti non può che essere la carta vincente per il tuo marketing. Io ne sono il portavoce, dato che ho sempre sostenuto per primo questo progetto, ma i ragazzi con cui collaboro sono tutti professionisti del loro ambito e si impegnano costantemente per dare sempre il massimo apporto al progetto.

Inoltre, penso sempre a come si fanno le cose e come possono essere migliorate. La mia principale attività è quella di comprendere e conoscere le esigenze dei Consulenti Immobiliari per potergli offrire esattamente quello che gli serve.

Per questo motivo, la prossima volta che andrai a fare le foto con il cellulare, domandati, "Quanto tempo ci metto a fare male una cosa?" La risposta sarà "Lo stesso tempo che ci metti a farla bene", perciò già da questo primo approccio cerca di trarre il massimo vantaggio per migliorare la tua vita lavorativa. E poi seleziona attentamente i professionisti con cui ti vuoi interfacciare.

Questo libro è rivolto anche a te che invece non hai ancora iniziato questa professione e stai pensando di farlo. Tu, hai un grandissimo vantaggio. Puoi entrare in gioco e cambiare le regole, perché conosci i segreti per una professione di successo almeno per l'aspetto del marketing.

Puoi sfruttare i miei segreti per essere fin da subito un professionista di alto livello, suscitare quelle emozioni che sono necessarie in questi casi. Hai l'opportunità di iniziare già con questo grande vantaggio. Non sprecare tempo senza fare i passi fondamentali che ho descritto in questo libro. Ti tornerà utile sapere cosa fare quando prenderai il tuo primo incarico e quando lo vorrai mettere in pubblicità.

Non dimenticare che una casa, per quanto può essere mal messa e bombardata, avrai sempre l'opportunità di sistemarla per la vendita e trarne un profitto sempre maggiore. Cosa molto importante, crea il tuo team di professionisti a cui rivolgerti, meglio sempre dello stesso gruppo.

Ti aiuterà a perdere meno tempo perché ti basterà affidarti a lui e ti guiderà in tutte le scelte per darti sempre la soluzione adeguata, facendoti perdere meno tempo in cose che sono di poco valore per te. Affiancati a persone fidate che sanno anche consigliarti sul loro campo di specializzazione. A questo punto siamo arrivati alla fine e prima di lasciarti vorrei offrirti un bonus.

Bonus Formula Creo

La nostra mission è quella di aiutare i consulenti immobiliari nel loro lavoro digitale. Non tutti sono smart e in pochi hanno tempo e voglia da dedicare ad esserlo, quindi come bonus ho pensato di farti un omaggio attraverso una consulenza, per conoscere ancora meglio la Formula Creo, di trenta minuti.

Sarà un incontro one to one completamente gratuito, realizzato da un nostro consulente esperto di digital marketing. Sarà un incontro da consulente a consulente se pur di due sfere diverse ma molto vicine.

Analizzeremo insieme la tua situazione attuale per capire il tuo marketing immobiliare e ti consiglieremo nella scelta della strada più adatta a te. Inoltre, se vorrai potrai provare la nostra speciale Formula Creo per due settimane e testare la qualità, la velocità e la professionalità.

Cosa dovrai fare per ottenere questa consulenza? Ti basterà andare al link che ti lascio qui e richiedere la tua consulenza personalizzata. Potrai prenotare in totale autonomia nel giorno e all'ora che preferisci la tua consulenza digitale con il nostro esperto: https://gruppocreo.com/consulenza.

Attraverso la nostra consulenza potrai comprendere meglio come ottenere il massimo dal tuo lavoro e capire cosa è più conveniente per te fare, al fine di aumentare e migliorare il tuo flusso di lavoro e il tuo fatturato.

Ti riassumo brevemente cosa analizzerai con il nostro consulente:

- Strategia di business immobiliare, come crearla o perfezionarla;
- Scelta del target ideale e come raggiungerlo;
- Preparazione immobiliare come e quando affrontarla;
- Virtual Tour lo strumento indispensabile per il tuo marketing;
- La "pubblicità" online, quello straniero digitale sotto varie forme che conoscerai meglio;
- Progettazione per finalità di vendita, anche qui, quando e come usarla.

Grazie a questo percorso, studiato per essere veloce a darti un riscontro reale nel tuo marketing immobiliare, acquisirai come punto di forza e non più come debolezza, tutto quello che rappresenta il mondo dell'immobiliare digitale.

Ti forniremo gli strumenti necessari per essere subito un vincente e non dovrai perdere tempo per fare ricerche che risultano essere dispendiose e spesso prive di risultati concreti. Ti porteremo direttamente al risultato per te e il tuo business immobiliare.

Alla tua rinascita comunicativa, ti aspetto.
Gianluca Palermi

Vocabolario

Virtual tour: tecnica di visualizzazione degli immobili per entrarci direttamente senza essere fisicamente lì sul posto. Risparmi tempo per spostamenti inutili e ne guadagna anche l'ambiente.

Project Tour: strumento di visualizzazione del progetto con la stessa tecnologia del virtual tour. Navigherai dentro al progetto e lo potrai vedere in ogni suo angolo, l'immaginazione ne risentirà positivamente.

Home Staging: tecnica di preparazione e sistemazione di case vuote o disordinate. Con questa tecnica si possono mettere in risalto i punti di forza di un immobile e limitarne i problemi.

Impressioni: in ambito social le "impression" sono le volte che un post o una pubblicità vengono visualizzate nel social degli utenti target della nostra pubblicità.

Followers: il termine indica coloro che seguono e vedono quello che facciamo noi sui nostri social, possono interagire con commenti e like ai nostri interventi che pubblichiamo.

Post: è la pubblicazione di una foto, un video o una grafica che finisce nella nostra storia dei social.